养娃如养花：

温柔的教养更有力量

易小宛

著

天津出版传媒集团
天津科学技术出版社

图书在版编目 (CIP) 数据

养娃如养花：温柔的教养更有力量 / 易小宛著.
天津：天津科学技术出版社，2024.7. —— ISBN 978-7
-5742-2286-1

Ⅰ.G78

中国国家版本馆 CIP 数据核字第 2024BX1274 号

养娃如养花：温柔的教养更有力量
YANGWA RU YANGHUA:WENROU DE JIAOYANG GENG YOU LILIANG

责任编辑：张　婧

责任印制：兰　毅

出　　版：	天津出版传媒集团
	天津科学技术出版社
地　　址：	天津市西康路 35 号
邮　　编：	30051
电　　话：	(022) 23332400（编辑部）
网　　址：	www.tikjcbs.com.cn
发　　行：	新华书店经销
印　　刷：	运河（唐山）印务有限公司

开本 880×1230　1/32　印张 7　字数 180 000
2024 年 7 月第 1 版第 1 次印刷
定价：52.00 元

序言

爱是最好的礼物

一天散步,当看到路边那些树木长得翁翁郁郁,我忽然便有了用相机记录下来的冲动。它们在阳光里温柔地生长着,带着自身的喜悦,带着孩童般的天真。无论叶子,还是茎干弯曲的弧度,都如此一致地朝向着太阳的方向。

父母是孩子们的太阳,父母的爱就像一个珍贵的宝盒,存放孩子的天真、烂漫、好奇、勇气……不管在人生的哪一个阶段,孩子们随时都能够从那里提取到能量。

爱的教育是一种情感的传递。在我们的成长过程中,家庭是我们最初的港湾,父母是我们最亲近的人。他们用无尽的爱心呵护着我们,教会我们如何去关爱他人。当我们在生活中遇到挫折时,是父母的理解和包容让我们勇敢面对。正是这种深厚的爱,让我们学会了珍惜、感恩和付出。

《人间草木》里有一句话,"世间最为普通的事物,平中显奇,淡中有味"。

人间至美无非是暮冬时观雪,初夏时写生,深秋时听雨,早春时用心种一棵会开花的树。当你好好养一朵花,你也就读懂了山河湖海的呼吸吐纳，读懂了宇宙的浩瀚无垠，最终也读懂了人生四季。

每个孩子都有自己的花期。当你与孩子一起成长，孩子会唤醒你内心更多的力量。

成长像是一场漫长的永恒的跋涉，重复着相似的台阶，虽然会遇到各种阻碍，但是沿途会看到不同的风景。我们需要做的就是和孩子一起，让这一切都变得有趣起来。让他们觉得，生活是让人期待的，是值得的。

要爱生活，因为生活的意义是我们赋予的，我们要像植物一样努力生长。

有一句话说，"如果世上都是完美小孩，成长的意义在哪里？"

请对孩子多一点耐心。

要多鼓励孩子，经常给他们一个温暖的拥抱。

"帮助"孩子成为健康和快乐的人，"尊重"孩子自由的表达和选择，"放开"孩子让其去追求独立与自主，发自内心地、坚定地好好爱孩子吧。

易小宛

目录

第 1 章　温柔教养，养出情绪平稳的孩子 / 1
每个孩子都是一粒种子 / 2
坚持非暴力教育，孩子有自己的生长节奏和习性 / 8
不当斥责会令孩子变坏 / 12
注重沉默的力量 / 15

第 2 章　内外兼顾，创造适合孩子成长的环境 / 19
花期不同，爱和尊重永远是最好的滋养 / 20
创造适合孩子成长的条件，而非放任不管地散养 / 25
给孩子打造一个安静舒适的学习环境 / 28
不要扼杀孩子的好奇心 / 31
支持孩子的异想天开 / 36
陪孩子一起去冒险 / 40

第 3 章　好好说话，别让语言变成暴风雨 / 45
伤害孩子的话犹如暴风雨 / 46
有技巧地讲话，孩子更易接受 / 52
妈妈的幽默，孩子的快乐 / 56
生气时，不迁怒孩子 / 60
孩子都在专注地听着父母的对话 / 64

第 4 章　全方位关注，唤醒孩子的自驱力 / 73

学会赞赏，为他的每一点变化欢呼雀跃 / 74
试着让孩子当你的老师 / 78
善于发现孩子的优点 / 82

第 5 章　换位思考，理解孩子的感受 / 85

孩子也有自己的烦恼 / 86
爱孩子就请放下高姿态 / 90
即便孩子"长势不好"，也不能嫌弃 / 94
持有偏见，不会有好的教育 / 99

第 6 章　正面管教，关心孩子的内心需求 / 103

孩子的叛逆，不能一味压制 / 104
别要求孩子做顺从的羔羊 / 108
允许孩子发出自己的声音 / 114
给予孩子合理争辩的权利 / 117
别用消极比较"激励"孩子 / 121
定期开家庭小会议，给孩子打开心扉的机会 / 124
尽量把选择权交还给孩子 / 129

第 7 章　授之以渔，引导而非逼迫孩子学习 / 133

管得越严，孩子越不爱学习 / 134
诱孩子学，而不是逼孩子学 / 137

利用逆反心理巧治厌学症 / 142
不要局限于输赢，引导孩子的好胜心 / 146
寓学于乐，让孩子边玩边学 / 150
谨防不良情绪侵扰孩子 / 153

第 8 章　切忌溺爱，别扼杀孩子的生存能力 / 157

妈妈"懒"一点，孩子更勤快 / 158
让孩子自己做好规划 / 163
鼓励孩子直面人生挫折 / 168
培养孩子的独立精神 / 172
对孩子的不合理要求说"不" / 178

第 9 章　内卷时代，孩子身心健康最重要 / 183

高压会逼迫孩子逃离 / 184
以平常心对待升学问题 / 188
别以一次成败论孩子 / 193
不是每个孩子都天赋异禀 / 197
借助艺术为孩子减轻压力 / 201
确定家庭聚会游玩日，留下快乐记忆 / 206
大自然治愈一切 / 211

第 1 章

温柔教养，养出情绪平稳的孩子

每个孩子都是一粒种子

在这个世界上,每个孩子都是一粒种子。他们带着无限的潜力和可能性,静静地躺在土壤中,等待着春天的召唤。他们都有自己的特色和优点:有的可能看起来不甚起眼,但只要给予足够的关爱和耐心,他们就能开出最美丽的花朵;有的可能需要更多的时间和空间,但只要给予足够的信任和支持,他们就能结出最丰满的果实。他们可能来自不同的环境,有着不同的性格和才能,但他们都有着同样的生命力,同样的成长欲望。

种子在土壤中孕育,需要阳光、空气和水分的滋养。同样,孩子们也需要父母的关爱、老师的教导和社会的熏陶。他们的成长过程就像种子破土而出,经历风雨,最终开花结果。这个过程中,他们可能会遇到困难,可能会受伤,但只要他们有足够的勇气和决心,就一定能够克服一切,茁壮成长。

作为父母和教育者,我们的责任就是找到每个孩子的特色和优

点,给予他们最适合的养分和环境,让他们能够健康成长。我们要相信每个孩子都是一粒有潜力的种子,他们都有可能成为社会的栋梁,为世界带来改变。

有的种子顽强地破土而出。

在艰辛中寻找生命的力量,勇往直前。

他们的心中燃烧着火焰,照亮前行的道路。

少年的追逐会成为自由的花香。

在泥土与露水的滋润下盛大开放。

每个孩子都是一粒种子,拥有内在的无限潜力和成长的机会。

就像小小的种子被春天的阳光和细雨所滋润，孩子们也需要家人的关爱与教育的滋养，让他们在生命的土壤中茁壮成长。

种子虽然微小，但却蕴藏着未来的繁盛。有的孩子有艺术天分，可以在绘画、音乐或舞蹈方面展现自己的才华；有的孩子有数学逻辑思维的天赋，可以在解题和推理中表现出色……只需要细心观察，我们就能发现每个孩子的独特之处，给予他们正确的引导和培养。

有的种子默默地等待时机。

在寂静中积蓄能量，悄然绽放芳华。

它们的内心充满阳光，强大自信。

照见世界的真实，引领它们走向光明的未来。

就像种子在生长过程中需要阳光的照耀和雨水的滋润，孩子们也需要不断的鼓励和正面的激励。当他们面临困难和挑战时，我们应该给予他们支持和鼓励，帮助他们克服困难并取得成功。关注孩子的成长过程，给予他们积极的反馈和认可，鼓励他们探索新的领域，追求自己的梦想。

每个孩子都是一粒种子，我们的责任是为他们提供良好的成长环境，培养他们的才能和品德。让我们像耐心的园丁一样，给予每个孩子温暖和关怀，让他们成长为健康、快乐、有价值的人。

就像种子在生长过程中需要周全的关怀，孩子们也需要家庭和社会的呵护，才能茁壮成长。父母是孩子的第一任老师，他们的言传身教对于孩子的影响是深远的。父母应该给予孩子充分的关注和爱，不仅是传授知识，更要培养孩子的品德和价值观。同时，社会也应该为孩子们提供良好的学习环境和发展机会，让每个孩子都能发挥自己的潜能。

有的种子在风雨中摇曳生姿。

在挫折中锻炼意志，追求卓越。

它们的信念坚定如山，如磐石一般稳固。

无论世事变迁，始终坚守自己的初心。

正如一位教育家所说："教育的目的不是填鸭式地灌输知识，而是激发学生的兴趣和热情，让他们成为可以自主学习和探索的终身学习者。"

很多例子告诉我们，每个孩子都有可能成为改变世界的那股力量。我们要相信他们的潜力，给予他们充分的关爱和支持，帮助他们实现自己的梦想。

那么，如何把孩子当作种子一般培养呢？

1. 关注孩子的基本需求

就像种子需要土壤、阳光和水分一样，孩子的身体成长也需要基本的营养和睡眠。充足的睡眠和健康饮食可以为孩子打造健康的身体基础，让他们有充沛的体能和强大的抵抗力。

2. 开展有益的学习活动

种子需要合适的环境发芽生长，孩子也需要在适当的学习环境中开展各种有益的活动。家长可以为孩子提供多样化的学习资源，如书籍、玩具或艺术品；同时，也要激发孩子的好奇心和求知欲，鼓励他们主动学习，培养独立思考和解决问题的能力。

3. 注重情感和社交发展

种子在土壤中扎根，与周围的植物相互作用，孩子也需要与父母、家人以及同龄人发展良好的关系。家长应该耐心倾听孩子的心声，给予他们情感上的支持和理解；同时，鼓励孩子参加社交活动，培养他们的合作能力和团队意识。

4. 给孩子自由发展的空间

种子需要适当的空间生长和伸展，孩子也需要自由发展的环境。家长不应对孩子过度干预，而是给予他们适当的自主权和决策权。让孩子从小学会独立思考、自主学习和解决问题，为他们的未来独立发展奠定坚实的基础。

在把孩子当作种子一样培养的过程中，我们需要耐心、理解和关爱。只有给予孩子适当的环境和支持，他们才能茁壮成长，展示出自己独特的才华和魅力。在生命的旅途中，孩子们是种子，在爱的土壤里，等待发芽。不要急于把他们塑造成你心中的模样，让他们自由地生长，绽放自己的光华。

坚持非暴力教育，孩子有自己的生长节奏和习性

在孩子的成长过程中，教育起到至关重要的作用。然而，并不是所有的教育方式都是正确和有效的。使用暴力就是一种错误的教育方式。暴力教育不仅会对孩子们的心理健康产生负面影响，还可能导致孩子们遭受长期的身心伤害。

暴力教育会给孩子们带来心理上的创伤。 当孩子们遭受体罚、责骂或其他形式的暴力时，他们可能会感受到恐惧、痛苦和愤怒。这种暴力行为会破坏家庭氛围，让孩子们失去信任感，甚至对家庭成员产生厌恶情绪。长期受到暴力教育的孩子们在成长过程中会出现各种心理问题，如焦虑、抑郁、自卑等。

暴力教育并不能解决问题。 虽然有些家长认为以暴制暴或者体罚可以让孩子们听话，但实际上这种方法只是权宜之计。暴力并不能教会孩子们正确的价值观和行为准则，反而会使他们误以为暴力是解决问题的唯一途径。更重要的是，暴力反而让孩子们对家长权

威产生反感和抵制心态。

暴力教育侵犯了孩子们的权利。 根据联合国《儿童权利公约》，每个孩子都有权受到尊重并不受虐待。体罚和暴力教育明显违背了这一原则，侵犯了孩子们的权利。我们应该提倡以尊重和关爱的方式来教育孩子们，给予他们成长和发展所需的支持。

我们需要改变对待教育的观念，摒弃使用暴力的方式，转而采用和推广一些具有替代性的教育方法，如沟通、引导和示范等。我们应该致力于创造积极的学习环境，给予孩子们真正的关心和理解。只有这样，我们才能帮助孩子们健康成长，让他们成为有责任感、尊重他人的社会成员。

每个孩子都有自己的生长节奏和个性，我们应该尊重并引导他们去发现和发展自己的潜能，而非强迫他们按照我们设定的轨迹成长。这就是非暴力教育的核心理念。

非暴力教育是一种以尊重、理解和关爱为基础的教育方式，它强调尊重孩子的个性和兴趣，关注孩子的心理健康，以及培养孩子的自主性和创造力。在非暴力教育中，家长不再是高高在上的权威，而是孩子成长过程中的引导者和伙伴。

父母要尊重孩子的生长节奏。 每个孩子的成长速度都是不同的，有的孩子可能在某些方面表现出色，而在其他方面则需要更多的时间去学习和成长。我们不能因为孩子在某一方面的表现不如其他孩子而对他们进行批评和指责，更不能强迫他们去迎合我们的期望。

相反，我们应该给予孩子足够的时间和空间去发现自己的兴趣和潜能，让他们在自己的节奏中茁壮成长。

父母要关注孩子的个性。每个孩子都有自己的性格特点和兴趣爱好，这些特点和爱好往往是他们内在潜能的体现。我们应该尊重并鼓励孩子去发展自己的兴趣，而不是强迫他们去学习自己不感兴趣的东西。同时，我们还要学会倾听孩子的心声，关注他们的情感需求，帮助他们建立自信和自尊。

父母要培养孩子的自主性和创造力。在非暴力教育中，家长和老师不再是知识的传授者，而是孩子学习的引导者。我们要教会孩子如何独立思考，如何解决问题，如何面对挑战。同时，我们还要鼓励孩子去尝试新事物，去创造属于自己的价值。

孩子们如同四季之美景，多姿多彩，他们在成长的路上，亦不断探索、学习。

有时跌倒，有时欢笑，有时哭泣，有时奋发，这些都是他们成长的印记，值得珍惜。

每个孩子都是独特而神奇的个体，他们在成长过程中会展现出属于自己的独特的生长节奏。有些孩子可能早熟，有些则相对晚熟，这完全是自然规律。理解并尊重孩子的生长节奏，对他们的健康生长至关重要。非暴力教育是一种更加科学、更加人性化的教育方式。它能够帮助孩子找到自己的生长节奏,培养他们的自主性和创造力,从而让他们在未来的人生道路上走得更加稳健和自信。

不当斥责会令孩子变坏

在我们的日常生活中,孩子们难免会犯一些错误。作为父母,我们往往会用斥责的方式来教育孩子,希望他们能够从错误中吸取教训,改正过来。但是孩子是非常敏感的,在成长过程中,他们渴望被理解和支持。如果父母过于苛刻或缺乏耐心,孩子可能会感到自尊受损,产生挫败感,进而产生反抗或愤怒的负面情绪。

不当的斥责有可能会让孩子抵触,斥责并不是一种有效的教育方式。孩子们的心理承受能力有限,过度的斥责会让他们感到压力过大,甚至产生逆反心理。他们可能会因为害怕被斥责而选择隐瞒错误,而不是勇敢地面对并改正。这样的孩子,虽然表面上看起来暂时没有问题,但他们的内心却可能持续充满恐惧和不安。

如果我们经常责备孩子做错了事情,他们可能就会感到自己没有价值或者不够好。而这种负面情绪可能会导致他们变得更加消极和沮丧,从而影响到他们的学习和生活。所以作为家长,我们不应该斥责孩子们，因为这样做只会让他们的心灵受到伤害，变得更加脆弱。我们应该用温暖的话语来安慰他们，让他们知道我们爱他们。

孩子们需要的是理解和关爱，而不是无情的指责和批评。如果我们能够给予孩子们积极正向的反馈和鼓励，让他们知道自己的努力和成就得到了认可，那么他们就会更加自信和有动力去追求自己的目标。

不当的斥责可能会带来以下负面影响：

自尊心受损。 过于严厉或伤人的斥责不是简单的责备，而是对孩子自尊心的伤害。孩子们需要被尊重和理解，他们的错误行为不一定代表他们本身有问题。如果我们简单粗暴地表达我们的批评，孩子可能会感到沮丧、自卑，并对自己丧失信心。

情绪失控。 当孩子遭到不当的责备时，他们可能会出现情绪失控的情况。他们可能变得暴躁、愤怒甚至抵触，并倾向于采取反叛的行为。这种情况下，孩子很难冷静地认识到自己的错误并思考如何改进。

学习倦怠。 不恰当的斥责可能导致孩子对学习失去兴趣和动力。当孩子被频繁地指责或受到不公正的对待时，他们可能会对学校和教育行为产生抵触情绪。这可能导致他们不愿参与课堂活动，进而对他们的学习成绩和未来发展产生不利影响。

有人说："当一个人被理解和接纳时，他才能更好地发挥自己的潜能。"这句话告诉我们，我们应该尊重孩子的感受，理解他们的需求，给予他们支持和鼓励，而不是用斥责来压制他们。

父母应该给孩子提供一个温暖、理解和尊重的环境，以促进良好的沟通和互动。

注重沉默的力量

在养育孩子的过程中，父母常常面临各种挑战，不仅要教导孩子正确的价值观和道德观，还要培养孩子的自信心和独立思考能力。有时候，父母不妨学会运用沉默，这是一种强大的育儿工具，因为沉默蕴含着一种独特的力量。

父母要明白，沉默并不意味着漠视或冷漠。相反，它是关爱和尊重的一种表现。通过掌握沉默的力量，父母可以更好地理解孩子，培养他们的独立思考能力并加强与他们之间的信任和沟通。让我们一起关注沉默的力量，为孩子的成长提供良好的支持和环境。

孩子有自己的成长过程，需要勇敢去面对挑战和困难，从中学会成长。父母如果总是过度干预，不给孩子一定的空间和自由度，会限制孩子的成长和发展。适当沉默可以让孩子有机会面对自己的选择和结果，从中汲取经验和教训。

有时候，孩子可能需要一个安全的环境去表达自己的情感和想法，而父母过早地发表意见或批评可能会让孩子感到压抑和不被理解。适当沉默可以给予孩子更多的表达空间，让他们感到被尊重和被关心，从而有助于建立起良好的沟通基础。

这就是为什么在某些情况下，沉默比说话更有力量。

例如，当我们面对一个挑战时，可能会感到愤怒或沮丧。这时候，我们可能会想要发泄出来，但这并不总是最好的选择。相反，如果能够保持冷静并思考一下，我们可能会发现一个更好的解决方案。这种沉默可以帮助我们避免做出错误的决定，并让我们更加明智地处理问题。

沉默也可以帮助我们更好地倾听别人的想法和意见。当我们不停地说话时，我们很容易忽略对方的观点。但是如果我们能够保持沉默并仔细聆听对方的话语，我们就可以更好地理解他们的立场，并找到更好的解决方案。

父母的眼神，充满智慧与温和，用无声的语言，传递着无尽的期望。

父母的双手，轻拍孩子的肩膀，那是一种力量，一种无法言喻的力量。

在孩子迷茫时，给予指引与方向；在孩子疲惫时，给予温暖与依靠。

对于家长来说，学会运用沉默的力量，往往能够取得意想不到的效果。

家长要如何运用沉默的力量呢？

家长要学会在适当的时候保持沉默。当孩子犯错时，很多家长会立刻指责和批评，试图让孩子认识到错误。然而，这种做法往往会让孩子产生抵触情绪，不愿意接受家长的意见。相反，如果家长能够在此时保持沉默，给孩子一个反思的机会，孩子往往会更加深刻地认识到自己的错误，从而主动去改正。

家长要学会用沉默来表达关爱。有时候，孩子并不需要家长的喋喋不休，他们更需要的是家长的陪伴和关爱。在这种情况下，家长可以通过保持沉默，用行动来表明对孩子的关心。父母要学会适当沉默，这并不是放弃对孩子的关心和教育，而是一种智慧的选择。适当的沉默可以给予孩子更多的自主权和成长空间，有利于促进与孩子之间的沟通，培养他们解决问题的能力。通过适当沉默，父母能够以更合适的方式引导并帮助孩子成长。比如，陪孩子一起做作业、一起玩耍、一起读书等。这种无言的关爱，往往比言语更能打动孩子的心。

家长要学会用沉默来培养孩子的独立性。在孩子成长的过程中，他们需要学会独立思考和解决问题。当孩子面对困境或挑战时，父母常常急于给予解决方案。然而，这种过度干预可能导致孩子丧失解决问题的机会。通过保持沉默，父母可以给予孩子自己思考和解决问题的机会。这不仅锻炼了孩子的独立思考能力，还使他们更加自信，并且能够在未来面对类似的情况时更好地应对。只有给孩子一个自主解决问题的空间，孩子才能在实践中不断成长和进步。

沉默可以帮助父母更好地理解孩子。当孩子面临问题或困惑时，他们往往需要有人倾听他们的心声。过度表达意见或给予建议可能会让孩子感到困扰。相反，父母可以选择保持沉默，给孩子提供一个表达自己的空间。在安静的环境中，孩子可能会更容易思考和表达他们内心的想法，同时也会明白父母愿意倾听他们的心声。

沉默可以培养孩子自主解决问题的能力。沉默可以加强父母与孩子之间的信任和沟通。当父母控制自己的情绪，选择保持沉默而不是过度批评或责备孩子时，父母就传达出一种理解和包容的态度。这样的行为能够建立起父母与孩子之间的信任，孩子能感受到父母倾听和尊重他们的需求。在这样的氛围中，孩子更愿意与父母进行真实的沟通，分享他们的喜悦、忧虑与困惑。当孩子面对问题时，父母不要总是立刻给出答案或解决方法，而是要引导孩子思考和寻找解决问题的途径。这样的做法可以激发孩子的探索欲望和创造力，有助于他们提高解决问题的能力和独立思考的能力。

通过学会运用沉默的力量，家长可以更好地引导孩子成长，培养他们的独立性和自信心。让我们从现在开始，关注沉默的力量，用无声胜有声的教育方式，和孩子一起成长。

第 2 章

内外兼顾,创造适合孩子成长的环境

花期不同，爱和尊重永远是最好的滋养

在这个世界上，每一种花都有它独特的花期。有的花春天绽放，有的花夏天盛开，有的花秋天吐蕊，有的花冬天含苞。它们按照自己各自的节奏，静静地等待着属于自己的绽放时刻。同样，每一个人也都有自己的生命节奏，有的人早熟，有的人晚成，有的人一生平凡，有的人辉煌璀璨。但无论我们的生命进程如何，我们都应该像花儿一样，坚定地走自己的路，等待属于自己的花期。

孩子是世间最可爱的存在。他们纯洁无邪、天真可爱，如同花朵般绽放在父母的心中。就像不同的花一样，每个孩子都有自己独特的成长周期。

有些孩子，像春天绽放的花朵。他们柔软而娇嫩，需要更多的呵护与陪伴。这些孩子需要父母温柔的怀抱，给予他们无尽的爱与关怀。他们需要被引导和教育，以培养他们正确的价值观和良好的品德。父母要像春天的阳光一样，为他们提供良好的成长环境，让

他们茁壮成长，变得优秀而坚强。

有些孩子，像夏天绽放的花朵。他们充满活力，无拘无束，像夏日的阳光一样温暖，带给家人无尽的欢乐与惊喜。这些孩子充满了好奇心，他们渴求知识，渴望探索未知的世界。父母应该给予他们更多的鼓励和支持，让他们的天赋得以充分发挥。只有这样，他们才能绽放出美丽的花朵，为这个世界带来更多的希望。

有些孩子，像秋天绽放的花朵。他们已经渐渐长大，开始展现出独特的才华和个性。这些孩子需要被理解和尊重，给他们可以展示自己的机会和舞台。他们需要父母的支持和鼓励，让他们展现自己的潜力，追逐自己的梦想。父母要像秋天的风一样，给予他们适当的引导和启发，让他们的才能得到完美的展现。

有些孩子，像冬天绽放的花朵。他们或许有些内向，或许有些特殊，但他们同样需要被接纳和关爱。这些孩子需要更多的耐心和理解，需要特别的呵护和关怀。父母应该以开放的心态去接纳他们，尊重他们的个性和需求。只有这样，他们才能真正吐露出自己独特的芬芳，为这个世界带来更多不一样的美好。

无论孩子处于哪个阶段的花期，爱都是他们最大的滋养。父母的爱无私而无尽，它是孩子成长道路上最重要的动力。父母应该倾注所有的爱与关怀，为孩子们创造一个温暖、安全的环境。**只有在爱的滋养下，孩子们才能茁壮成长，绽放出他们独特的花朵。**

学会对待孩子是教育的重要部分，爱与尊重是我们与孩子建立良好关系的基石。在育儿过程中，我们应该学会如何给予孩子无条件的爱和尊重。

爱是最基本的需求，孩子需要感受到我们对他们的爱。无论是亲情还是友情，爱都是一种有力的情感，它能够滋养孩子的心灵。我们应该用言语和行动表达对孩子的爱，赞美他们的进步、鼓励他们积极探索和尝试新事物。同时，我们也要给孩子提供一个安全、温馨的家庭环境，让他们感受到被关爱和被接纳。

在爱的基础上，我们还应该学会尊重孩子。尊重意味着认同孩子作为一个独立个体的价值和权利。每个孩子都有自己独特的个性、喜好和意见，我们要尊重他们的选择，并给予他们自主决策的机会。

这不仅能够培养孩子的自信，也能够激发他们的创造力和独立思考能力。

尊重也意味着我们要尊重孩子的感受和需求。孩子有时候会有情绪上的不适或者困扰，我们应该倾听并理解他们的感受，给予他们支持和关怀，而不是简单地忽视或否认他们的感受。尊重孩子也意味着不用身体或言语上的暴力手段来惩罚他们，而是通过理性的沟通和其他解决问题的方式来引导他们。

在这爱的海洋里，孩子们学会了关爱与分享；在这尊重的天空下，孩子们懂得了谦逊与敬畏。爱与尊重，如同大树，为孩子们遮风挡雨；爱与尊重，如同土壤，滋养着他们的生命之源。

爱与尊重是平等对待孩子的基础。当我们给予孩子爱与尊重的同时，我们也在培养他们对他人的尊重和关爱。同时，爱与尊重也能够建立起我们与孩子之间的信任和亲密感，使亲子教育过程更加顺利和有意义。

爱和尊重，是生命中最重要的滋养。就像阳光、水分和土壤对花朵的滋养一样，爱和尊重是我们成长的动力。没有爱，我们的生命就会失去色彩；没有尊重，我们的生命就会失去意义。因此，我们应该学会爱自己，尊重自己；同时也要爱他人，尊重他人。

只有用爱来包裹孩子，用尊重来呵护他们，我们才能培养出自信、独立和有爱心的孩子。从现在开始，让我们用爱去呵护他们，用关怀去滋养他们，让他们在这个世界上找到自己人生的节奏。

花期不同，爱和尊重永远是最好的滋养。让我们在生命的旅途中，用爱和尊重去滋养自己，去滋养他人，去滋养这个世界，让孩子的生命如花般绚烂，如花般美丽。

创造适合孩子成长的条件，而非放任不管地散养

"教育不是灌输知识，而是点燃火焰。"这句话告诉我们，教育的目的是激发孩子的潜能，让他们有能力去创造、去探索、去实现自己的梦想。而散养式的教育方式，往往无法点燃孩子们内心的火焰，让他们失去对知识的渴望和对未来的信心。

放任不管可能导致孩子陷入不良行为和习惯中。 孩子天性好奇，若没有合适的引导，他们很可能会接触到有害的信息，并参与违规的活动。比如，他们可能会沉迷于电子游戏，沉迷于网络世界，甚至可能会被卷入不健康的交友圈子。这些不良行为及习惯的养成会对孩子的身心健康产生负面影响，使他们在学业和社交方面受到影响。

放任不管还可能导致孩子缺乏自律能力和责任感。 孩子在成长过程中需要父母或监护人通过引导和规范，帮助他们树立正确的价值观和生活态度。家长不加以干预和教育，让孩子恣意生长，可能会导致他们缺乏自律意识，无法正确分辨是非，缺乏对自己行为后

果的认识。当他们面对困难和挑战时，他们也会不懂得如何承担责任和解决问题。

放任不管可能使孩子缺乏安全感。孩子需要家长的关怀和支持，他们希望能与父母分享自己的喜怒哀乐，得到父母的鼓励和帮助。如果家长对孩子毫不关心、不管不问，孩子会感到被冷落和孤单，其情感发展和人际关系都会因此而受到影响。

在孩子成长的过程中，适当的自由空间和自主选择权是必要的。这有助于培养孩子的独立思考能力和自主解决问题的能力。然而，过度的散养可能导致孩子缺乏规划和目标，甚至可能走上歧途。因此，我们需要在散养和精心培育之间找到一个平衡点。

那么，如何为孩子创造一个既宽松又有序的成长环境呢？以下几点建议或许能给我们一些启示：

设定合理的期望值。家长应该根据孩子的年龄、兴趣和能力设定合理的期望值，避免给孩子过多的压力。同时，也要让孩子明白，只有付出努力，才能实现自己的目标。一个安全、温暖和有爱的家庭环境，是帮助孩子健康成长的关键要素。

提供丰富的学习资源。家长应该为孩子提供丰富的学习资源，包括书籍、网络资源、实践活动等，让孩子在不同的领域都能得到全面的发展。教育是孩子成长的重要组成部分。家长应该培养孩子的学习能力和综合素质，关注孩子的发展，提供个性化的教育，激发他们的学习兴趣和动力。

培养良好的学习习惯。家长应该引导孩子养成良好的学习习惯，如定时复习、主动思考、勤于实践等。这些习惯将对孩子的未来学习和工作产生深远的影响。孩子的成长需要时间和空间。家长和社会应该给予孩子足够的自由与独立，让他们有机会独自探索和发展。同时，要保持与孩子的沟通和互动，关注他们的成长和变化。孩子们需要有一定的责任感和自律能力，这需要时间和耐心去培养。

关注孩子的心理健康。家长应该关注孩子的心理健康，及时发现和解决孩子的心理问题。同时，要教会孩子如何面对挫折和压力，培养他们的抗挫能力。爱和支持是孩子成长的关键。家庭应该提供稳定和温暖的爱。父母应该尽量理解孩子的需求和感受，并给予关怀和支持。鼓励孩子积极参与各种活动，如体育、艺术和学习，以培养他们的兴趣和才能。家长也需要为孩子设置明确的规矩和界限，帮助他们树立正确的价值观和道德观念。

建立良好的家庭氛围。家长应该营造一个和谐、温馨的家庭氛围，让孩子在爱和关怀中茁壮成长。同时，家长要以身作则，为孩子树立良好的榜样。一个安全的环境是孩子成长的基础。家长要确保孩子居住的地方安全无虞，例如修缮好房屋，检查好家中的安全设施，避免使用有害物品和锋利的工具。此外，应该教授孩子有关安全的知识和技能，使他们能够避免危险和应对紧急情况。

我们要关注孩子的内心世界，引导他们去发现和追求自己的梦想。只有这样，我们才能确保孩子茁壮成长，实现自己的价值。我想用一句话告诉孩子们，"不要让你的潜力沉睡在你的身体里，唤醒它，让它照亮你的人生道路。"

给孩子打造一个安静舒适的学习环境

舒适的学习环境有利于孩子的身心健康。一个安静舒适的学习空间可以减轻孩子的压力和焦虑感,让他们感到放松和自在。如果孩子处于压力过大或紧张的环境中,他们可能会感到不安和不舒服,这会影响他们的学习效果和学习积极性。相反,一个温馨和舒适的学习环境可以提高孩子的学习动力和学习兴趣。

为了让孩子们能够专心学习,我们需要为他们创造一个安静舒适的学习环境。这样的环境不仅能提高孩子的学习效率,还能培养他们良好的学习习惯和自律精神。

适宜的学习环境可以帮助孩子更好地专注于学习任务。当周围没有干扰的声音或其他噪音时,孩子可以更容易地集中注意力,专注于书本和学习材料上,这有助于他们更好地理解和吸收知识。相

比之下，嘈杂和吵闹的环境会分散孩子的注意力，使他们难以集中精力和思考。

安静舒适的学习环境也能够培养孩子的自律意识和学习习惯。当孩子处于一个有序并安静的环境中时，他们更容易养成良好的学习习惯，如按时完成作业、规划学习时间等。一个舒适的学习环境可以帮助孩子建立起自律和自我管理的能力。

我们要为孩子创造一个合适的学习空间。这个空间应该远离噪音和干扰，让孩子能够专心致志地学习。可以选择孩子的房间、书房或者客厅的一角作为学习区域。在布置学习空间时，要注重采光和通风，保持空气新鲜，使之有利于孩子的身心健康。

我们要为孩子准备一套舒适的学习家具。一张宽敞的书桌、一把舒适的椅子、一盏明亮的台灯，都是孩子学习的必备物品。在选择家具时，要注重质量，确保家具的稳固性和安全性。此外，还可以为孩子准备一些学习用品，如书架、文具盒等，让他们的学习更加有序。

我们要为孩子营造一个安静的学习氛围。家长可以尽量减少在家中的噪音，如电视、音响等。在孩子学习时，家长也要尽量保持安静，避免打扰孩子。此外，家长还可以为孩子设置一些学习规则，如规定学习时间、休息时间等，让孩子养成良好的学习习惯。

我们要关注孩子的心理健康。在孩子学习过程中，家长要给予适当的关心和支持，鼓励他们克服困难，树立自信心。同时，家长还要关注孩子的兴趣爱好，鼓励他们在学习之余，参加一些有益的活动，如运动、音乐、绘画等，让学习变得更加有趣。

要保持环境的整洁与舒适。干净整洁的环境可以让孩子更好地集中注意力，不会被杂乱的物品分散注意力。同时，舒适的学习环境还包括适宜的温度、光线和空气质量。为孩子准备好一个适合坐姿的椅子和桌子，以保护孩子的身体健康。

良好的学习环境也需要营造积极的学习氛围。家长可以和孩子一起制定学习计划，并为孩子设置合理的学习目标。同时，在家里打造一个学习空间，比如放置有益于学习的书籍、学习工具等，让孩子产生学习的兴趣和动力。

要多多给予关心和支持。与孩子交流，了解他们的学习进展和困难，并给予适当的帮助和鼓励。在家长的支持下，孩子会更加容易取得好成绩。

不要扼杀孩子的好奇心

地球是圆的,为什么我们还能站稳?

大地为何装得下这么多的人?

如果老虎咬它自己的尾巴,它会受伤吗?

天上的雨点为什么剪不断?

如果所有的面粉都用尽,我们用什么包饺子?

如果有一只超级大的气球,可以把我们带到太空吗?

不要扼杀孩子的好奇心,让他们自由地去探索世界。

在这个充满无限可能的世界里,每个孩子都是一个小小的探险家,他们对未知世界充满了好奇和探索的欲望。他们的好奇心,就像一盏明灯,照亮了他们前进的道路,引领他们去发现更多的新奇事物。然而,有时候,我们的教育方式却可能会扼杀孩子的这种好奇心。

"别乱动!"

"别问那么多!"

"别做那些没有用的事情!"

这些我们常常对孩子说的话,就像是一把无形的手,扼住了他们的好奇心。

当孩子们表现出对一些陌生事物的好奇时,我们经常会予以否定或给予简单的回答。这样做并不能满足他们的好奇心,反而会给他们留下负面的印象,使他们变得羞怯或不再敢于提问。相反,我们应该耐心地听他们发问,并鼓励他们进一步探索和思考。我们可以与他们一同探讨问题,一同寻找答案,让他们发现知识的乐趣。

"好奇心是人类的天性,它推动着我们不断地探索未知世界。"孩子们天生就充满了好奇心,他们对周围的一切都充满了疑问并渴望了解。然而,在现实生活中,我们常常会看到一些家长因为担心孩子受到伤害或者影响学习而限制他们的好奇心。这种做法不仅会让孩子失去探索的机会,也会让他们失去尝试新事物的自信和勇气。

比如说,当一个小男孩对昆虫产生了浓厚的兴趣时,他的父母可能会告诉他昆虫很可怕,会传播疾病等。虽然这些话都是出于对孩子的关心,但是却会让孩子们产生恐惧心理,从而放弃对自然界的探索。相反,如果我们能够鼓励孩子们去了解昆虫的世界,发现它们的美丽和神奇之处,那么他们就会更加热爱生命,更加勇敢地面对未知的挑战。

孩子的好奇心是一种宝贵的品质，它让他们对世界充满了无限的想象力和探索的冲动。然而，我们有时候往往忍不住想要阻挠孩子的好奇心，因为我们担心他们会做出一些危险或不恰当的事情。但事实上，我们应该鼓励孩子的好奇心，并给予他们正确的指导和支持。

好奇心与孩子的成长息息相关。通过培养孩子的好奇心，我们可以帮助他们获得更多的认知和理解力。他们将会主动地去学习，去发现新的知识，而不仅仅是被动地接受他人的信息。这样，他们不仅能够在学校表现得更好，更重要的是，他们将成为主动思考和解决问题的人。

孩子的好奇心常常带有一定的冒险精神。他们会提出各种各样的问题，想要了解更多的事物。家长应当积极鼓励并回答他们的问题，引导他们通过观察、实践和探索来获取知识。这种鼓励可以激发孩子的求知欲，让他们保持对学习的热情。

那么，我们应该如何保护孩子的好奇心呢？

我们需要尊重孩子的个性和兴趣。每个孩子都是独一无二的，他们有自己的兴趣和爱好。想象一下，如果一个孩子对周围的世界充满好奇，他会去尝试各种新鲜事物，从而发现自己的兴趣所在。这种探索精神将使他在学习上更加投入，因为他知道自己正在追求的是自己最有兴趣的。相反，如果一个孩子总是被束缚在固定的思维模式中，他可能会失去对学习的热情，甚至对自己未来的发展感到迷茫。

我们应该尊重他们的选择，鼓励他们去追求自己的梦想。孩子的好奇心在他们的成长过程中发挥着重要作用。这种好奇心推动着他们探索未知世界，寻求新的经验和知识。家长要尊重孩子的好奇心，找到他们感兴趣的事物，帮助他们积极探索。

我们需要给孩子提供一个安全的环境，让他们可以自由地去探索和尝试。当孩子的好奇心引发一些风险时，我们作为成年人应该给予适当的指导和教育。我们可以向他们解释事情的原理和可能的风险，让他们理解为什么某些行为是不安全或不适当的。同时，我们也要教导他们如何通过合适的途径获取信息，包括阅读书籍、观看教育节目或与专家交流。这样，他们就可以在满足好奇心的同时确保安全与健康。他们可能会对危险物品或场所感到好奇，比如火柴、刀具或者高楼阳台。在这种情况下，家长需要向孩子讲解安全的相关知识，并建立安全规则和行为边界。同时，家长也要定期与孩子进行沟通，了解他们的兴趣和猎奇的方向，以便提供更有益的引导和支持。

我们需要以身作则，用自己的行动去激发孩子的好奇心。不要让担忧和恐惧扼杀孩子的好奇心。相反，我们应该积极地鼓励他们的好奇心，并提供正确的引导。让孩子们在无数次的探索中找到自己的兴趣和激情，让他们在好奇心的驱使下不断成长和进步。

我们要给予孩子足够的自由，让他们去尝试、去探索。当孩子遇到困难时，不要立刻替他们解决问题，而是要引导他们自己去思考、去寻找答案。这样，他们才能真正学会独立思考，培养出解决问题的能力。在互联网时代，孩子的好奇心也越来越多地表现在对科技的追求上。他们可能会对电子设备、网络和社交媒体产生浓厚的兴趣。家长应当教他们正确使用互联网和科技产品的方法，提醒他们注意网络安全和隐私保护。同时，家长也要设定合理的上网时间，避免过度依赖科技对孩子的成长产生负面影响。

让我们一起保护孩子们的好奇心，让他们成为勇敢、聪明的人，让他们用自己的方式去发现真理，让他们用自己的眼睛去看待世界。

支持孩子的异想天开

"想象力比知识更重要，因为知识是有限的，而想象力则包含着整个世界。"这句话提醒我们要敢于有自己的梦想，勇于创新。在这个科技迅速发展的时代，创新已经成为社会进步的重要推动力。而孩子们的异想天开，往往是创新思维的源泉。

在科学领域，有许多伟大的发现都是源于科学家们的"异想天开"。比如，苹果掉落在牛顿头上的那一刻，牛顿开始了关于万有引力定律的探索；爱因斯坦对狭义相对论的思考，则颠覆了人们对时间和空间的认知。正是因为这些科学家超越传统思维，勇于冒险尝试，才使得科学进一步发展，为人类带来了巨大的进步与改变。

不仅在科学领域，艺术领域、文学领域，乃至生活的方方面面，都需要"异想天开"。艺术家们通过他们的创造力和想象力，创作出了无数令人惊叹的作品。文学家们通过他们的笔触，构建出了一个个奇幻的世界，带领读者走入其中。而生活中，我们也需要以开放的心态去接纳新鲜的事物和新的想法。只有不断地打破常规,勇于尝试,才能让生活变得更加丰富多彩。

支持孩子的异想天开有助于培养他们的创造力和创新思维。当孩子们的异想天开被接受和鼓励时,他们会不断尝试新的思维方式和解决问题的方法。这种创造力和创新精神不仅对他们的个人发展有益,也会对整个社会产生积极的影响。我们要尊重孩子的想法。每个孩子都是一个独立的个体,他们有着丰富的想象力和创造力。我们应该尊重孩子的想法,不要轻易地否定他们。当孩子提出一个看似离奇的想法时,我们可以引导他们去思考这个想法的可行性,而不是直接告诉他们这是不可能的。这样既能保护孩子的自尊心,又能激发他们的探索欲望。

支持孩子的异想天开可以帮助他们建立自信和积极的心态。当孩子们被告知他们的想法是值得关注的,他们会感到自己的能力和价值被认可。这种积极的反馈会增强他们的自信心,并激发他们更多的创造性思考和行动。我们要教育孩子勇于尝试。在孩子的成长过程中,他们可能会遇到很多困难和挫折。这时,家长和教育者应该鼓励孩子勇敢地面对困难,敢于尝试新方法。只有这样,孩子才能在实践中不断地积累经验,提高自己的创新能力。

面对孩子的异想天开,家长应该营造一个开放包容的环境。我们应该鼓励孩子们将自己的想法和梦想与我们分享,不论这些想法是否有实现可能。我们应该倾听他们的想法,尊重他们的独立思考,并尽量提供帮助和支持。我们要给孩子提供一个宽松的环境。一个宽松的环境能够让孩子自由地发挥想象力，大胆地尝试新事物。家长和教育者应该尽量避免对孩子施加过多的压力，让他们在轻松愉快的氛围中成长。同时，我们还应该鼓励孩子多参加一些有益的活动，如科学实验、艺术创作等，这些活动能够拓宽孩子的视野，激发他们的创新思维。

除了支持孩子的异想天开，我们也要教导他们如何将这些想法付诸实践。 我们可以鼓励他们进行实验和尝试，帮助他们找到实现自己想法的途径，并指导他们在实践过程中面对困难和挫折时如何坚持和解决问题。我们还要关注孩子的心理健康，一个健康的心理状态是孩子发挥创新潜能的基础。家长和教育者应该关注孩子的心理变化，及时发现并解决他们的心理问题。同时，我们还应该教育孩子学会调节自己的情绪，培养他们的抗压能力。

我们要知道，每个孩子的异想天开不仅是他们个人的宝藏，也是世界的宝藏。支持孩子的异想天开不仅能够给他们带来个人成长和发展，也能够为社会的创新和进步做出贡献。

异想天开能够培养孩子的创造力、自信心和创新精神。作为家长，我们应该积极地鼓励和支持孩子们的独特想法和梦想，为他们创造一个充满可能性和发展空间的环境。

具体来说，我们可以从以下几个方面来支持孩子的异想天开：

培养批判性思维。 教育孩子如何在保有想象力的同时，保持理性思考，分辨哪些想法有实现的可能。

提供资源和机会。为孩子提供学习新技能、拓展视野的机会,帮助他们将想象转化为实际行动。

鼓励团队合作。让孩子学会与他人分享和合作,共同实现那些梦想中的目标。

陪孩子一起去冒险

孩子天性好奇、勇敢且充满冒险精神。他们渴望去探索、发现和经历一切新奇的事物。因此，我们应该鼓励孩子发展和追求冒险精神。

"人生就像一场冒险，如果你没有开始，你永远不会知道结果如何。"

我们都知道，孩子们天生好奇、充满活力，他们渴望探索未知的世界。而作为家长，我们有责任引导他们去追求梦想，勇敢地面对挑战。

但是现在孩子们往往被各种课程和作业压得喘不过气来，他们对于所渴望的冒险和探索根本无暇顾及。孩子多在舒适和安全的环境中长大，这样的环境虽然让他们远离了危险，但也约束了他们的成长。

孩子们是未来的希望，他们的每一个梦想都值得我们去尊重和支持。但是，我们是否真正理解他们的内心世界？我们是否曾真正陪他们去体验生活的丰富多彩？我想说，陪伴不仅仅是身体上的陪护，更是心灵上的陪伴，是一种情感的交流，是一种生活的态度。

冒险给予孩子机会去探索未知的领域，体验生活的多样性。 冒险可以是户外探险，如远足、露营和攀岩，也可以是室内活动，如解谜游戏或学习新的技能。无论是什么形式，冒险都能让孩子们摆脱舒适区，挑战自己，成长为更加自信和独立的个体。

冒险精神对孩子的发展和成长至关重要。 通过冒险，他们能够面对各种不确定的情况，学会解决问题，培养应对挑战的能力。冒险还能激发孩子的创造力和想象力，让他们在遇到新事物时能够积极思考和应对。冒险也能帮助孩子建立自信心，培养勇气和坚忍的品质。

冒险对于孩子来说，是一种学习和成长的过程。 孩子们充满好奇心和求知欲，他们渴望去探索未知的世界。陪伴他们一起去冒险，不仅可以满足他们的好奇心，还能帮助他们建立自信心。当孩子们成功克服一个困难或者面对一个挑战时，他们会感受到成就感，这将激发他们继续勇往直前。

我想分享一个自己的经历：有一次，我带着孩子去山上徒步。那是一个阳光明媚的日子，我们在山间小路上刚走了一段时间，孩子就感觉到累，很想放弃前行，但是我鼓励她为了前面美丽的风景再坚持一下。孩子一开始很不情愿，勉强打起精神向前走着，过了一会儿,她停下来,指着前方的一片花海说:"妈妈,你看,那里好美啊!"我看着她兴奋的眼神,心中充满了感动。那一刻,我明白了什么是坚持的意义,那就是让孩子感受到自己的力量,让自己有勇气去追求自己的梦想。

陪伴孩子去冒险还有助于他们的身体成长和智力发育。户外活动可以让孩子们动起来,增强体质和协调能力。同时,在冒险过程中,孩子们会面临各种难题,需要他们动脑筋思考解决方法。这样的锻炼有助于培养孩子的创造力、逻辑思维和解决问题的能力。

作为家长,我们是否应该放下手中的琐事,陪伴孩子一起去冒险,让他们在快乐中成长呢?

我们可以陪伴孩子去户外探险。 在大自然的怀抱中,孩子们可以亲身感受到大自然的神奇和美丽。他们可以在山间徒步,感受攀登的艰辛和登顶的喜悦;可以在溪边捉鱼,体验与自然的亲密接触;可以在草地上放风筝,感受风的力量和自由的快乐。这些户外活动不仅能锻炼孩子们的身体,还能培养他们的团队精神和环保意识。

我们可以陪伴孩子去参加各种社会实践活动。 通过参加志愿者活动、社区服务等,孩子们可以学会关爱他人,培养起社会责任感。同时,这些活动也能让孩子们拓宽视野,了解社会的多样性,为他们未来的发展奠定基础。

我们还可以尝试陪伴孩子去学习一些新的技能。 比如,学习钢琴、绘画、舞蹈等,这些都能让孩子们在艺术的世界里找到乐趣,激发他们的创造力和想象力。同时，这些技能的学习也能让孩子们更好地应对未来的挑战，提高他们的综合素质。

陪孩子一起去冒险也是加强亲子关系的好机会。在冒险的过程中，孩子们需要依靠父母的引导和支持。父母的陪伴和鼓励会让孩子感受到家庭的温暖和安全感，建立起他们与父母之间的信任和亲密关系。同时，父母也可以通过与孩子共同经历冒险的过程，更好地了解孩子的兴趣和个性，促进亲子间的交流和理解。

冒险精神不仅仅在孩童时代具有重要意义，它对成年后的生活也十分关键。拥有冒险精神的人更加开放、勇敢和有创造力。他们更容易接受新的挑战和机遇，并能够从失败中汲取经验教训。因此，培养孩子的冒险精神是在为他们未来的成功和幸福打下坚实基础。

第 3 章

好好说话，别让语言变成暴风雨

伤害孩子的话犹如暴风雨

"你真是笨死了,说了几遍都听不懂。"

"这么简单的题都会错,你长的是猪脑子啊。"

"除了会吃会睡,你还会干吗?要你干吗?"

"你是不是有点飘?这点成绩有什么好骄傲的。"

"真不该把你生下来,你看看你现在气死人。"

"一天到晚就知道傻乐,你看看人家×××。"

……

生活中,你是否对孩子说过这样的话呢?

著名心理专家马歇尔·卢森堡说:"也许我们并不认为,自己的谈话方式是暴力的,但我们的语言确实常常引发自己和他人的痛苦。"**伤害孩子的话,虽然伤身,但伤害了孩子的心灵;虽未见血,却刀刀入心,摧毁了孩子的自尊和自信,损害了孩子的心理健康。**

有时候我们可能会无意中说出一些伤害孩子的话,这些话就像暴风雨一样,瞬间摧毁了他们脆弱的心灵。这些话语可能来自于我们的愤怒、失望或者是其他负面情绪,但我们往往忽略了这些话语对孩子的影响。

让我们回想一下自己的童年,是否曾经因为父母的一句严厉的话语而感到害怕和沮丧?这种伤害可能会伴随我们一生,影响我们的自尊、自信和人际关系。因此,我们有责任确保自己不再伤害孩子,而是要给予他们关爱和支持。

在印度,你会看到一件很神奇的事,一头能轻松举起10个人的大象,竟然会被一根小小的锁链给拴住——这是驯象人的古老方法。他们在大象还小的时候,就用一条小小的铁链把它拴在柱子上。由于力量太小,小象拼尽全力也没办法挣脱,反复几次之后,渐渐就不挣扎了。若干年后，虽然小象已经长成一头强壮的大象，力气也足以挣脱绳索，但它已没有了挣脱的动力，也就一辈子拴在一根小小的铁链上了。就这样，即便身体长大了，但大象内心里，住着的依然还是那头无法挣脱锁链的小象。

　　这种生物本能中的惯性，其实就是原生家庭、童年创伤的由来——我们的家庭、成长环境，就是我们的"驯象人"，以至于我们每个人心中，都会住着一个未曾长大、未曾被安抚好的小孩，即心理学上所谓的"内在小孩"。

　　我们周围的朋友小时候都有类似的经历：只要没考到满分，家长就会说："怎么才99分，没考双百？怎么这么粗心大意？"

　　不仅如此，父母的打压与贬低会出现在生活的方方面面，还常常冠以爱和"为了你好"的名义，让孩子无力申辩与反驳。

　　孩子成绩好时也得不到肯定，家长会告诉孩子一次成绩好不算什么，只有连续取得好成绩，才是优秀的孩子。

　　看到孩子关注自己的外表时，家长会"善意"提醒："你不要那么臭美，要把心思用在学习上。"

　　发现孩子看课外书时，家长会及时"拷问"："整天浪费时间，能考上好学校吗？"

　　很多家长会觉得孩子太小，不打击，就会骄傲，找不到方向。

　　所以，很多孩子的成长过程中缺失了如何"肯定自己"的教育。

这个过程非常重要：认可孩子的成就，让孩子有机会明确自己的哪些行动是有效的、可以复用的；肯定孩子也可以增强孩子的自信心，激励孩子取得更多成就。

我们不要把成绩好作为唯一的评价标准，更不要说出伤害孩子的话。那样会传递给孩子一种对于偏离人生目标的焦虑，一旦家长用言语刺激，孩子就会感到惊慌无措，无法以开放的心态灵活应对这个世界的挑战，无法追求属于自己的快乐、享受当下的生活。

一个总是被父母言语攻击的孩子，总是担心会发生"影响父母情绪的事情"，总是小心翼翼，觉得一步踏错就是毁灭性的打击。 这是一种灾难化的思维，即认为生活没有任何容错率，一点点小的危险或错误都会成为一场灾难的导火索，任何坏的事情发生，在孩子眼中都会比实际上更严重。

语言伤害还会阻碍孩子的自我接纳，当父母看不到、不认可孩子的情绪、需求、优点和缺点时，孩子就无法对自己有准确而深刻的洞察。

有些孩子在有言语伤害的教育模式下长大，好像总是得不到父母的认可，所以会常常有一些让人熟悉的创伤感受。很多人感到父母的爱太过束缚，想要远离和逃避，但又对父母执着的爱无法做到分离，同时也无法和父母好好相处。

亲子沟通中，父母的出发点都是为了孩子，现实生活中往往事与愿违。所以很多父母经常会想不通："为什么我们说得都对，但孩子就是不愿意听？""我明明是为了孩子好，但他为什么就是不领情？"

其实，根本原因在于我们的苦口婆心，和孩子真正接收到的信息并不一致。

我们通过语言和孩子沟通，通过沟通达到教育目的，但如果语言这个媒介没有使用好，就很容易导致孩子不理解父母言语背后的用心良苦。

教育界普遍认为："父母低估了自己曾对孩子造成的伤害，也高估了孩子愈合伤口的能力。"很多孩子在成年后的心理问题，大多都来自原生家庭的语言伤害。

教育孩子，对于父母来说是一个时间漫长的人生历程。在这个过程中，孩子在成长，父母也在成长。

粗暴的沟通行为，也许很容易产生立竿见影的效果，但等孩子长大，当他拥有反抗父母的能力后，他就很难再"屈从"于父母的权力之下。

养育孩子，不是一件容易的事。父母难免会对孩子有惩罚和责骂，但我们要看到"下意识"的语言背后，我们真正想表达的是什么。

不要真的等到孩子完全拒绝沟通的时候，再去指责孩子不理解父母，不懂得父母的良苦用心。

多把温柔说给孩子听，爱的能量才会在亲子之间流动，孩子接收到我们的善意，才能用爱和信任驱动内在动机去成长。

　　我们要明白，孩子的心是脆弱的。他们的心灵像一块未经雕琢的玉石，需要我们用爱和耐心去雕刻。如果我们用尖酸刻薄的话语去伤害他们，那么，这块玉石可能会因为伤痕累累而失去原有的光泽。

　　我们要认识到，言语的力量是巨大的。一句鼓励的话，可以让孩子充满信心；一句贬低的话，可以让孩子丧失信心。因此，我们在教育孩子时，一定要谨言慎行，避免说出伤害孩子的话。

有技巧地讲话，孩子更易接受

在我们的日常生活中，沟通是必不可少的。无论是与朋友、家人还是同事交流，我们都需要掌握一定的沟通技巧。而对于孩子来说，父母是他们最亲近的人，也是他们最重要的榜样。作为父母，我们要不断学习和提高自己的沟通技巧，让孩子更愿意倾听我们的声音。只有这样，我们才能更好地引导孩子成长，帮助他们建立正确的价值观和人生观。

让我们来看一个具体的例子。如果你是一位家长，正在向自己10岁的孩子讲解关于环保的重要性。如果你只是简单地告诉他"保护环境对我们来说很重要，因为它可以让我们的生活更美好"，那么，孩子可能会觉得这是一种责任，而不是一种激励。

但是，如果你用一种更具吸引力的方式来表达这个观点呢？比如说:"想象一下,如果我们把所有的垃圾都扔进大海里,会怎么样?那些可爱的海豚和海龟将无法找到干净的食物,它们的家园也将被破坏。为了保护我们的海洋生物,我们需要珍惜资源,减少浪费,让我们的地球变得更美好。"这样一来,孩子不仅能理解环保的重要性,还能体会到自己参与其中的价值。

在孩子们成长的旅程中,言语是他们与世界交流的桥梁。通过帮助孩子们理解如何进行有效和吸引人的演讲,相信他们能够更容易地接受新思想和概念。

我们要明白孩子的心理特点。孩子们天生好奇、活泼好动,他们喜欢探索未知的世界。因此,我们在和他们交流时,要尽量用简单易懂的语言,避免使用复杂的词汇和句子。这样,孩子们才能更容易理解我们的意思,从而更愿意倾听我们的建议。

我们要学会换位思考。有人说:"教育的艺术是把复杂的东西变得简单。"要站在孩子的角度去看待问题,了解他们的需求和困惑。这样,我们才能更好地与他们沟通,找到解决问题的方法。例如,当孩子遇到困难时,我们可以问:"你觉得你现在最需要什么帮助?"而不是直接告诉他们答案。这样既能激发孩子的思考能力,又能让他们感受到我们的关心和支持。

我们要善于运用故事和例子。孩子们喜欢听故事,尤其是那些寓教于乐的故事。通过讲述生动有趣的故事,我们可以把抽象的道理具体化,让孩子更容易理解和接受。同时,我们还可以通过举例子来说明问题。比如,当我们告诉孩子要诚实守信时,可以讲述一些关于诚实守信的寓言故事，让他们从故事中体会到诚实守信的重要性。使用故事和情节能够激发孩子们的想象力和兴趣。通过将知识包装成故事的形式，我们能够吸引孩子们的注意力并引发他们的情感共鸣。

要有技巧地讲话，让孩子更易接受。我们都知道，孩子们正处于成长的关键时期，他们的心灵如同一张白纸，渴望着我们用智慧和爱心去描绘。而作为家长、老师或者朋友，我们的责任就是引导他们走向正确的道路，让他们在成长过程中茁壮成长。那么，如何做到这一点呢？

善于运用开放式问题。提出开放性问题，可以引导孩子更深入地表达他们的思想与感受。避免使用简单的是非问题，而是鼓励他们说出更多细节和想法。这种方式不仅有助于增加对话的深度，还培养了孩子的思辨能力和表达技巧。

我们要了解孩子的兴趣爱好。每个孩子都有自己的特点和兴趣，了解他们的喜好可以帮助我们更好地与他们沟通。例如，如果孩子喜欢画画，我们可以在谈论绘画技巧时，引导他们思考如何运用这些技巧来提高自己的绘画水平。这样既能激发孩子的兴趣，又能让他们更愿意倾听我们的意见。

我们要学会用简单明了的语言表达自己的观点。孩子们的理解能力有限，如果我们用复杂的词汇和句子来表达自己的观点，可能会让他们感到困惑。因此，我们应该尽量使用简单易懂的词汇和句子，让孩子们能够轻松理解我们的意思。

我们要注意语气和表情。 在与孩子沟通时，我们要保持平和的语气，避免使用过于严厉或者嘲讽的语言。此外，我们还要学会运用肢体语言和面部表情来表达自己的情感，让孩子感受到我们的关爱和支持。

我们要学会鼓励孩子。 用鼓励和积极的语言代替。用肯定的态度来表达对孩子的赞赏和支持，让他们意识到自己的努力和成就。这不仅增强了孩子的自信心，也使得亲子沟通更加和谐。

有技巧地讲话不仅能让我们和孩子建立起良好的沟通关系，还能帮助他们更好地成长。让我们共同努力，用智慧和爱心去引导孩子。温暖的语言，如同璀璨的星辰，照亮孩子们前行的道路，让他们在黑暗中找到希望的光芒，在困境中找到前进的力量。

妈妈的幽默，孩子的快乐

在我们的生活中，有一种力量可以让我们忘记烦恼，那就是幽默。而在家庭中，最能给我们带来这种力量的人，往往是我们的妈妈。她们用幽默的语言和行为，为我们的生活增添了无尽的欢乐。

"孩子的快乐"又是如何受到"妈妈的幽默"影响的呢？事实上，研究表明，孩子们在快乐的环境中成长更有利于他们的身心健康。而妈妈的幽默可以为孩子们带来无尽的欢笑和快乐，让他们感到更加轻松和愉悦。此外，当孩子们看到妈妈能够以积极、乐观的态度面对生活中的一切时，他们也会受到启发，学会用同样的方式看待问题和解决问题。

让我们来看看"妈妈的幽默"都对我们的生活产生了什么影响。作为母亲，我们的责任不仅是照顾孩子的基本需求，还要为他们创

造一个愉快、轻松的家庭氛围。而幽默就是实现这一目标的重要工具之一。当我们用幽默的方式与孩子交流时,我们不仅可以缓解紧张的情绪,还可以增强彼此之间的信任感和亲密感。此外,幽默还可以帮助孩子更好地理解和应对生活中的挑战和困难。

记得小时候,每当我犯了错误,妈妈总是用一种幽默的方式来教育我。有一次,我把妈妈的口红涂得满脸都是,妈妈看到后并没有生气,而是笑着说:"看来我们家的小公主今天想当个小丑。"我听后立刻意识到自己的错误,羞愧地低下了头。从那以后,我再也不会随便乱动妈妈的东西了。

还有一次,我在学校的考试中成绩不理想,心情很低落。回到家后,妈妈看出了我的不开心,便问我发生了什么事。我把考试的事情告诉了妈妈,她听后笑着说:"你知道吗?失败是成功之母。你现在的成绩虽然不好,但是只要你努力,下次一定会考得更好。"

妈妈的话让我豁然开朗，从此我对学习充满了信心。

妈妈的幽默不仅仅体现在言语上，还表现在她的行为举止中。每当我和妹妹闹矛盾时，妈妈总是用一种幽默的方式来化解我们的矛盾。有一次，我和妹妹为了一件小事争吵起来，妈妈看到后，突然拿起一个大熊猫，装作熊猫说话的样子。我们看着妈妈滑稽的样子，都忍不住笑了出来。

妈妈是孩子们生命中最亲爱的存在，她们的幽默感往往成为家庭中最温暖的火焰。 当妈妈们展现出她们独特的幽默时，孩子们的快乐也随之而来。

正因为妈妈的幽默与孩子们的快乐正相关，我们才不禁感叹这是世界上最珍贵而美好的时刻之一。孩子的笑声是妈妈最喜欢的乐曲，一个简单的笑话欢乐了整个家庭。妈妈的幽默，如同一壶香茗，散发出迷人的芬芳，沉醉了整个家庭。

在这个充满快乐和幽默的家庭中，妈妈是最闪亮的明星，孩子是最快乐的观众。他们共同演绎欢乐的生活剧，让我们为他们的幸福而感到骄傲。

家长的幽默能够拉近与孩子们之间的距离。 家长以幽默的方式和孩子们交流，就创造出了一种轻松和愉快的氛围。孩子们更愿意和家长分享他们的喜怒哀乐，因为知道家长总能用他们喜欢的方式倾听并回应。这样的亲密关系，为孩子们建立起一个坚实的成长舞台。

那么，如何让家长们的幽默感发挥出最大的作用呢？这里有几个建议：

适时地表达自己的幽默感。 在与孩子交流的过程中，适当地加入一些幽默元素，让孩子感受到轻松愉快的氛围。

创造有趣的亲子时光。 可以一起观看喜剧电影、玩一些有趣的游戏，让孩子在欢笑中度过美好的时光。

多笑。 "笑容是一种传染病，当你对生活微笑时，你会发现周围的人也开始对你微笑。"因此，让我们一起努力成为那个能够传递快乐和幽默的人，为孩子们创造一个充满欢乐和温暖的家庭环境吧！

生气时，不迁怒孩子

我们在生活中，总会遇到一些让人生气的事情。面对这些让人恼火的情况，我们往往会情绪激动，甚至失去理智。然而，在这个时候，我们要学会控制自己的情绪，不要将愤怒发泄在孩子身上。因为，孩子是无辜的，他们没有能力承受我们的怒火。

虽然生气是一种正常人类情绪，是我们面对不如意或挫折时的一种自然反应，但是，无论生气的原因是什么，我们都应该尽可能避免将怒火转嫁给孩子，因为他们需要的是理解、爱和支持，而不是无端的怒斥。

当我们生气的时候，要正确地处理情绪，特别是面对我们的孩子。我们都知道，孩子们是我们生命中最珍贵的礼物，他们需要我们的关爱和支持。然而，有时候，我们可能会在情绪失控的时候把孩子当作发泄的对象。这是不对的，这，是对孩子的伤害。

"我们不能把我们的情绪转嫁给孩子。"这句话深深地触动了我。因为,这正是我们在处理情绪时常常犯的错误,我们把自己的愤怒、失望或者痛苦投射到孩子身上,让他们承受我们无法承受的压力。这样做真的公平吗?

让我们想象一下,当你生气的时候,你的孩子可能会感到害怕、困惑甚至自责。他们可能会开始怀疑自己是不是做错了什么,或者是不是不值得被爱。这样的后果是我们所不愿看见的。

生气时,不要迁怒孩子,让理智驱散怒火,

用爱心去化解矛盾,让家庭重归和谐。

愤怒之火,终会熄灭,但是孩子的心却可能受伤。

让我们学会宽容与理解,用爱去浇灌生命的花朵。

我们要思考生气时过度发泄对孩子的影响。孩子是非常敏感的,他们很容易受到成人情绪的影响。如果家长在生气的时候失去了理智,大声斥责或使用暴力,不仅会对孩子的心理健康造成伤害,还可能在他们的心中埋下不信任和恐惧的种子。相反,如果家长在生气时保持冷静,控制情绪,用心倾听孩子的心声,他们将更容易理解和接纳孩子的情感,建立更加亲密的关系。

迁怒孩子不仅会伤害他们的情感,还可能影响他们的自尊心。孩子天性善良、敏感,往往会深受我们的情绪波动影响。当我们不理智地将自己的怒火发泄在他们身上时，他们会感到恐惧、心灰意冷甚至自责，这可能对他们的个人健康成长造成长期的负面影响。

迁怒孩子容易破坏家庭和谐。 家庭是孩子成长的摇篮，孩子们在家庭中感受到的温暖和安全感是他们成长的基石。然而，当我们经常迁怒孩子，家庭气氛就会变得冷漠和紧张，亲子关系也会因此受到破坏。在这样的家庭环境中，孩子们难以得到父母亲的关爱和尊重，对家庭的依恋感也会减弱，这给他们的身心健康和未来发展都可能带来不良影响。

生气时迁怒孩子可能会限制孩子的成长。 我们要明白，孩子是我们的未来，是我们生活的希望。他们的心灵纯洁无瑕，需要我们用爱去呵护。如果我们在生气时迁怒于孩子，可能会给他们的心灵留下难以愈合的创伤。这样的创伤会影响他们的成长，甚至可能导致他们走上歧途。因此，为了孩子的健康成长，我们要尽量避免在生气时迁怒于他们。

我们要认识到，迁怒于孩子并不能解决问题。相反，它可能会让问题变得更加严重。当我们生气时，我们的思维往往变得混乱，无法冷静地分析问题。在这种情况下，我们可能会做出一些错误的决策，给孩子带来更大的伤害。因此，为了解决问题，我们要尽量保持冷静，不要让愤怒冲昏头脑。

当我们意识到自己的负面情绪时，我们需要学会控制它，而不是让它控制我们。

我们要学会正确表达自己的情感。 当我们遇到让人生气的事情时，我们可以选择找亲朋好友倾诉，或者通过运动、听音乐等方式来释放情绪。这样，我们既能避免将愤怒发泄在孩子身上，又能让自己的心情得到舒缓。同时，我们还要学会自我调节，提高自己的心理素质，使自己能够在面对困难和挫折时保持冷静和乐观。我们需要向孩子道歉并解释发生了什么，让他们知道我们并不是故意把他们当作发泄的对象，而是因为某些事情让我们感到不安。这样，他们会更容易理解和接受我们的情绪。

生气时不迁怒孩子是我们作为家长的责任和担当。 我们要用爱去呵护孩子，让他们在一个充满关爱和温暖的环境中茁壮成长。同时，我们也要学会正确处理自己的情绪，不让愤怒影响到孩子的生活。我们应该学会平静地处理情绪，与孩子进行有效沟通。通过保持平静和理智，我们可以构建一个和谐的家庭氛围，为孩子们提供健康、快乐的成长环境。让我们共同努力，平衡自己的情绪，给予孩子们真正的关爱和支持。

当我们感到愤怒或沮丧的时候，我们可以暂时离开其他人的视线，给自己一些冷静的时间。 在恢复平静后，我们可以坐下来与孩子进行真诚的交流，告诉他们我们的情绪，让他们知道这并不是因为他们的过错。同时，我们还可以向他们传达我们的关爱和理解，给予他们适当的安慰和支持。我们需要找到健康的方式来释放这些情绪。这包括进行深呼吸、散步、写日记或者和朋友聊天等。通过这些方式，我们可以让自己冷静下来，重新找回内心的平静。

孩子都在专注地听着父母的对话

有一群特殊的听众,他们总是全神贯注地聆听着父母的对话,那就是我们的孩子们。然而,在这个繁忙的世界里,我们常常忽视了一个重要的环节——与孩子的沟通。

孩子们的世界是纯真的,他们的好奇心和求知欲使他们对周围的一切都充满了兴趣。他们的眼睛像一面镜子,反射出我们对世界的看法和态度。因此,当我们在孩子面前进行对话时,我们的话语不仅仅是一种交流方式,更是一种教育方式。

孩子就像小花朵,他们欢快地来到这世上,开始感受天空的温度,河流的清澈,以及大地的宽广,可是他们也有各种各样的疑问:为什么世界是这个样子?为什么妈妈会很温柔?为什么爸爸妈妈是这样说话的?……

在年幼孩子心中,父母就是他们模仿和观察的对象。孩子最终

都会长大，终有一天他们会离开父母独立探索这个世界，其实孩子在我们身边的时间真的很短暂，但是父母言传身教会影响一生。

让我们回想一下自己的童年，那些鼓励和支持我们的人是如何激发我们追求梦想的，毋庸置疑的是，正是他们的关爱和信任让我们勇往直前，不断挑战自己，最终成就了更好的自我。

作为家长，我们要学会倾听孩子的心声，关注他们的需求和感受。我们要相信他们有无限的潜力，只要给予足够的关爱和支持，他们就能勇敢地面对生活中的挑战。

父母也是通过成长一步步完成自己的人生课题，父母要以身作则，做孩子的榜样和朋友，而不是靠讲大道理，因为父母生活中的一言一行，孩子都看在眼里。

外界各种各样的声音、发生的事情可能会影响着孩子的成长，父母不可能捂住孩子的耳朵，更不可能隔绝外界的种种干扰，唯一能做的，就是做好孩子和这个世界连接的转换器。

要给孩子的人生一个好的开始，就要树立父母的榜样力量。什么样的父母就会教育出什么样的孩子，孩子的一举一动都是耳濡目染之下的父母缩影。榜样的力量就是如此，父母是他们认识世界的窗口，父母的行为、习惯和性格都在润物细无声地影响着孩子。如果父母自己生活工作一塌糊涂，还满嘴空话，那么孩子不只要愁自己的问题，还要替父母担心——现代心理学认为，救赎父母是很多孩子心理问题的根源。孩子对父母的爱是全身心的，远远大于父母对孩子的爱。

父母是孩子的第一任老师，良好的家庭教育对孩子的成长有着至关重要的意义。而家庭教育就是父母及其他家人通过自己的言语和行为对孩子进行影响和教育。

孩子小的时候容易胡思乱想：害怕死亡，害怕小狗，害怕夜晚的黑暗。其实不是只有小孩子才会感到恐惧和害怕，大人也同样会。我们不是无所不能的大人，很多时候也会感到无助。

人是需要时间来梳理自己的心情的，每个人都会有自己的艰辛和难过。

每个人都在失落和失望中重塑自己。教育孩子，应该做的是教会孩子用健康的心态看待与分辨世间万物，让孩子拥有获取幸福的能力。

父母的对话是孩子们学习语言的重要途径。孩子们通过听父母的对话，学习新的词汇和语法结构，提高他们的语言能力。同时，父母的对话也是孩子们学习社会规则和道德观念的重要途径。通过观察父母如何处理人际关系，孩子们学会了尊重他人，理解了何谓公平和正义。

父母的对话是孩子们建立自我认知的重要途径。孩子们通过听父母的对话，了解自己的家庭背景，理解自己在家庭中的角色和地位。同时，父母的对话也帮助孩子们建立自我价值观，形成自己的世界观。

父母的对话是孩子们建立情感联系的重要途径。当父母在孩子面前进行对话时，他们不仅仅是在进行语言交流，更是在进行情感交流。孩子们通过听父母的对话，感受到父母的爱和关怀，建立起对父母深深的信任和依赖。

我们在与孩子进行对话时，也需要注意一些问题。首先，我们需要尊重孩子的感受，避免在孩子面前进行负面的、消极的对话。其次，我们需要用简单明了的语言与孩子进行对话，避免使用复杂的词汇和句子结构。最后，我们需要用积极的态度与孩子进行对话，鼓励他们表达自己的想法和感受。

孩子通过倾听父母的语言从而和这个世界建立连接，那父母应该怎么做呢？

个体心理学创始人阿尔弗雷德·阿德勒说过："对于每个人而言，世界从来都不是客观的。我们感知到的事物，从来不是事物原本的样子，而是经过我们思维处理后的事物。"在孩子成长的过程中，父母要及时将信息进行处理，分辨哪些信息是可以无保留地传递给孩子，哪些信息是需要父母进行处理，再反馈给孩子的。

父母筛选信息、处理信息、转换信息的过程，就是在充当"转换器"，孩子在父母的言行举止与反馈里，逐步汲取成长需要的养分，从而变得乐观、积极，逐渐学会独立自主地面对世界，辩证地看待世间的问题，进而形成健康的三观。

孩子们倾听着，那些关于爱、责任和担当的教诲，

他们的心中种下了坚定的信念，支撑着他们勇往直前的脚步。

孩子们倾听着，那些关于梦想、奋斗和坚持的期许，

他们的心中汇聚了无尽的力量，驱使着他们追求卓越的人生。

孩子们倾听着，那些关于家庭、友谊和亲情的温馨，

他们的心中充满了感激和珍惜，学会了如何去关爱和付出。

父母的对话越温和，孩子越有安全感。

"培养孩子安全感的关键，在于我们要主动地与孩子建立联结。"联结指的就是能被孩子感知到的、亲子间亲密的情感纽带。

怎么感受到父母与孩子之间的联结呢？父母耐心地交流，是一种联结；父母很热爱生活，专注地陪孩子，是一种联结；父母在遇到困难的时候表达共情，也是一种联结。

而与联结相对应的，就是"联结断裂"：父母彼此冷战，孩子感到孤独的时候，是联结断裂；父母互相指责无视孩子的时候，是联结断裂；父母一味地抱怨生活，却不愿意体会孩子情绪的时候，是联结断裂……

在一档亲子节目中，有一个孩子想对父母说："我希望你们以后不要再冷战了，我夹在中间特别像一块夹心饼干。"

说着说着他就忍不住哭了出来，很多周围的观众也默默落泪。

近年来，有大量研究揭示了父母矛盾对孩子成长的影响，尤其是父母如何表达及处理相互间的矛盾对孩子的影响。

比如有一项家庭评估项目，对1 000多个孩子进行评估。在父母交谈的30分钟内，测量这些孩子的心跳、皮肤电阻、体温变化等。

结果发现，有孩子在听父母谈话时心跳达到了惊人的每分钟190次，因为他时刻担心父母的矛盾会爆发出来。

即便是父母在规定的半小时谈话时间中只是沉默端坐，一个16岁的孩子心跳也达到了每分钟180～190次。这个孩子在接受问询时说，父母彼此沉默"正是他们关系死亡的前奏"。

孩子如果每天都为了父母的关系担惊受怕，你就会想象他们的身心健康会处于何种状态。

另一项研究调查显示，孩子们最担心的问题是父母的关系问题，父母对自己的批评、抱怨反而排在第二位。

尽管父母的争论中只有34%的冲突讨论话题是关于孩子的，但他们却经常通过谈论孩子来互相抱怨。在上述被调查的1 000多个家庭的父母争论中，只有4%的家庭争论与父母彼此不满无关。

父母相亲相爱→孩子健康快乐

大教育家苏霍姆林斯基在《家长教育学》一书中写道："我能一眼认出这样的孩子，他的父母是深深地、热烈地、忠诚地、相依为命地相亲相爱着。在这样环境中长大的孩子，心地温和善良、宁静、心灵健康、真诚地相信人的美好，对影响人们心灵的细微事物能敏锐感受。"

父母感情淡薄→孩子任性自私

父母感情淡薄，两个人经常性地忽略对自己孩子的教育，缺少两者之间的正常交流，这就是所谓的"互不理睬"的家庭。

在这种家庭中，孩子会被过多地忽略，久而久之孩子会变得越来越自私、越来越任性。

父母总是吵架→孩子没有安全感、冷漠

很对夫妻在生活细节上一言不合就言语攻击，但是他们很有可能就忽视了一点，孩子在他们中间是永远无法解脱的。

对于孩子来说，这种伤害是很难消除的，父母在吵架时，孩子对他们的担忧、恐慌和不安全感是永久无法治愈的。他们很容易产生心理问题，如焦虑、抑郁、暴躁等。

1. 父母互相指责→孩子敏感，爱找借口

习惯相互指责的父母，这样的家庭会严重影响孩子的生活，特别是那些双方发生争执，总会抱怨对方的错误的家庭。这样会导致孩子长大后不尊重父母，不尊重他人，总是为各种事情找借口。

在教养孩子的过程中，父母的种种声音和情绪难免会传染给孩子，有时候父母自己也会产生焦虑，那作为父母可以怎么进行有效的自我情绪调节呢？

2. 察觉"倾听的力量"

在亲子相处中，总会有一些潜意识的声音，来源于我们的生活，它们已经成了我们身体的一部分，当我们做得不够好的时候，这些声音就会响起。要想获得幸福的能力，除了提升自己的沟通力外，也要学会和家人一起面对生活中的变化，指引自己找到正确的方向。

3. 对"外在的影响"有分辨力

当一个人没有稳定的价值观时，他难免就会受周围人判断及评价标准的影响，为人父母同样如此。请谨慎地对待别人的评价，客观地看待其他孩子，找到适合自己孩子的评价标准，这样才不会过于苛责自己，才能和家人有更温和的对话氛围。

4. 要有共情和情绪处理能力

养育孩子本来就是一件漫长的事。养育过程，既是孩子的成长过程，也是父母的成长过程，父母也在不断学习着新知识、新理念，要客观看待自己的成长，提升自己的共情能力，不要将自己的家人当成情绪宣泄的"垃圾桶"，要与对方共同成长。

5. 走出去，不要让自己有那么多内耗

有人说，抱怨改变不了事实，况且，抱怨又有什么用呢？不抱怨是对的，但倾诉绝不等同于抱怨。每个人都有孤独、难受的时候，如果这些负面情绪久久没有得到有效的宣泄，那很有可能会不断堆积在我们心头。此时，当父母们感觉压力过大时，最应该做的就是选择一个合适的解压方式，定时清理自己的负面情绪。

第 4 章

全方位关注,唤醒孩子的自驱力

学会赞赏,为他的每一点变化欢呼雀跃

在我们的生活中,赞赏是一种无形的力量,它能够激发我们的潜能,让我们更加自信地面对生活的挑战。对于孩子来说,赞赏更是一种无比强大的动力,它能够帮助他们建立自信,激发他们的创造力和想象力,让他们在成长的道路上更加坚定。

人们常说:"成功是一连串小小的胜利所组成的。"这句话同样适用于孩子的成长过程。孩子从学会独立穿衣、发音准确,到掌握某一门课程的知识点,每一个小小的进步都值得我们的鼓励和赞赏。当我们对孩子的每一个小成就表示赞许时,他们会感受到肯定和认可,从而更加积极和努力。

在每个家庭中,孩子的成长是家长最为关注的话题之一。而对于孩子的进步,我们应该学会赞赏和鼓励,从而点燃他们的未来。赞美不仅仅是口头上的肯定,更是一种培养孩子积极向上心态和自信心的有效方式。学会赞赏,为孩子的每一点变化欢呼,这是一种

关注和肯定。当我们把赞赏内化为家庭教育的一部分时，我们将为孩子创造一个蓬勃向上的成长环境，让他们在积极的探索和努力中健康成长。

每个孩子都是一颗独特的种子，他们需要阳光、水分和土壤的滋养才能茁壮成长。而赞赏就是那一缕温暖的阳光，它能够照亮孩子的心灵，让他们感受到自己的价值。但凡孩子在学习上取得一点点进步，或者在生活中展现出一点点优秀的品质，我们都应该为他们欢呼雀跃，用赞赏的语言来鼓励他们。

孩子在成长过程中，会有许许多多的小进步与变化，它们或许微不足道，但却值得我们用充满喜悦的眼光去看待和赞赏。学会赞赏，并为孩子在成长中的每一点变化欢呼雀跃，不仅能够增强孩子的自信心，还能够积极影响他们的成长和学习。

除了鼓励和赞赏外，欢呼和充满激情的表达也是很重要的。当孩子在体育比赛中打进一球，或在学校表演中出色地完成角色，我们应该用热情洋溢的掌声和欢呼声回应他们的努力和表现。这种积极的反馈不仅会让孩子感到自豪和自信，还会鼓励他们为更好的结果而不断努力。

孩子的每一次进步，都是对知识的渴望；孩子的每一次疑问，都是对真理的追求。

孩子的每一次发现，都是对世界的惊奇；孩子的每一次创新，都是对未来的期待。

学会赞赏不仅对孩子有益,对家庭关系也有积极推动作用。 当我们能够真诚地欣赏孩子的进步,并用鼓励的话语回应他们的成长时,我们与孩子之间的情感纽带也会更加牢固。而孩子感受到温暖和支持,自然愿意与我们分享他们的快乐和困惑。这种积极的互动有助于家庭关系的和谐发展。

但是在赞赏孩子的同时,我们也需要注意标准和方法。赞赏应真实而恰当,不应过度夸大或不切实际。我们可以着眼于孩子的个人进步和努力,而非与他人相比较。通过赞赏和欢呼,我们可以培养孩子的积极心态,让他们明白每一个小小的进步都值得我们的鼓励和认可。

赞赏不仅仅是对孩子成绩的肯定,更是对他们努力的肯定。 当孩子在学习上遇到困难,坚持不懈地努力时,我们应该给予他们赞赏和鼓励,让他们知道,只要付出努力,就一定能够取得成功。这样的赞赏会让孩子更加坚定地相信自己,更有动力去面对生活的挑战。

赞赏还能够激发孩子的创造力和想象力。 当孩子用自己的方式解决问题,或者创造出一些新的想法时,我们应该给予他们赞赏和鼓励,让他们知道,他们的创造力和想象力是无比宝贵的。这样的赞赏会让孩子更加敢于尝试,更加勇于创新。

赞赏还能够帮助孩子建立自信。 当孩子在学习、运动或其他方面有进步时,如果我们及时给予肯定和赞美,他们会感受到自己的努力得到了认可,从而提高自信心。积极评价孩子的进步,不仅会让他们喜出望外，更会让他们认识到自己的潜力和价值，激发出他们持续进步的动力，还会让他们知道，他们是有能力克服困难的。这样的赞赏会让孩子更加自信，更有勇气去追求自己的梦想。

具体来说，从以下几个方面来实践学会赞赏的理念：

注重过程而非结果。我们应该关注孩子在学习过程中所付出的努力，而不是过分关注他们的成绩。正如古人所说："学如逆水行舟，不进则退。"我们要让孩子明白，只要他们付出了努力，无论结果如何，我们都会为他们感到骄傲。

及时表达赞赏。当孩子取得进步或者完成某项任务时，我们要及时给予肯定和鼓励。这样可以让孩子感受到我们的关心和支持，从而更加自信地面对未来的挑战。

具体。赞美和表扬要具体到某一点或某一方面，让对方知道自己在哪些方面做得好，从而更加明确自己的优势或不足。

适度。赞美和表扬要适度，不要过分夸大事实，也不要频繁地给予赞美。适度的赞美和表扬才能让人感受到真正的关心和支持。

试着让孩子当你的老师

当我们成为父母时,我们通常以教导和引导的角色出现,而往往忽略了我们从孩子身上学习的机会。然而,如果我们敢于从一个仰视的角度看待他们,我们会发现他们懂得比我们想的要多得多。让孩子成为你的老师,你将打开一个全新的世界。

当我们和孩子们相处时,我们深深感受到他们的独特魅力。他们是如此天真烂漫,他们能从一片花朵中看到世界的美丽,从一只小虫子中发现生命的神奇。他们用眼睛和心灵去捕捉这个世界的美妙,教会了我们将注意力从琐碎的事物转移到真正重要的事情上。孩子们往往能带给我们一种纯真、好奇和充满活力的氛围感受。他们的眼睛里总是闪烁着对世界的渴望,他们的思维方式独特且富有创意。

让我们的孩子成为我们的老师,意味着我们可以从他们身上学到很多东西,激发我们的创造力和潜能。孩子们是创造者和探险家。

他们的想象力不受任何限制,他们能够在无边无际的思维海洋中畅游。他们教会了我们敢于冒险,敢于跨越自己的舒适区,探索掌握新知识和技能的乐趣。他们告诉我们,在每一个失败背后都有一个机会,是恐惧阻挡了我们去追求自己的梦想。

孩子们是开放和包容的。他们没有偏见,没有成见。他们从不在乎肤色、语言和文化的差异。他们友善、真诚地与每个人相处,教会了我们尊重、理解和宽容。他们让我们看到人与人之间真正的联系和共通之处。

与孩子相处也是一次与自己内心的对话。他们触发了我们隐藏在心底的童心,唤醒了我们对于生活的热情和对于世界的好奇。在每一个和孩子们的互动中,我们也在重新认识和发现自己。

我们可以从孩子的好奇心和直觉中学习。孩子们对世界充满了好奇，他们乐于通过亲身经历和探索来获得新知识。与其不断告诉孩子们答案，不如给他们一个问题，手拉手一起探索答案。这样不仅培养了他们的思考能力，还能看到他们独特的观点和解决问题的方法。

我们可以从孩子们的想象力和创造力中汲取灵感。孩子们的大脑是无尽的创意工厂，他们通过无限的想象力创作出美妙的故事和神奇的世界。我们可以与他们一起玩耍、绘画、制作手工艺品或玩乐高积木等，这样不仅能与他们建立更强的亲密关系，同时也激发出我们的想象力和创造力。

我们可以从孩子们的纯真和坦诚中学到很多。孩子们没有社会的偏见和束缚，他们敢于表达自己的情感和观点。

我们需要和孩子一起，在爱的阳光下，在生命的旅途中，共同成长。让孩子当你的老师，可以增进你们之间的亲子关系。在这个过程中，你们可以一起学习，一起进步，一起分享成功的喜悦和失败的痛苦。这种共同的经历，会让你们之间的关系更加紧密。

让孩子当你的老师，可以帮助你更好地了解他们的想法和需求。在这个过程中，你可以了解到他们在学习中遇到的困难和问题，从而更好地帮助他们解决这些问题。同时，你也可以了解到他们的兴趣和爱好，从而更好地引导他们的学习和成长。

孩子们的无畏精神也值得我们学习。他们不会因为害怕失败而放弃尝试新事物。当我们遇到困难时，可以向孩子们请教如何面对挫折，如何勇敢地迈出下一步。他们的坚持和毅力将激励我们在追求目标的道路上不断前进。

让孩子们当我们的老师并不意味着我们要完全放弃自己的观点和判断。相反，我们应该倾听他们的意见，尊重他们的想法，从中汲取智慧。同时，我们也要学会引导他们，帮助他们建立正确的价值观和人生观。

让孩子们当我们的老师是一种富有创意且具有挑战性的尝试。通过这种方式，我们可以激发自己的潜能，实现自我成长。让我们向孩子们学习，变得更加宽容、开放和有爱心。让我们永远怀着年少的精气神，与他们一起成长、探索，共同创造美好的未来。

善于发现孩子的优点

在我们的生活中,每个孩子都是一颗独特的星星,他们有着各自的光芒。然而,有时候,这些光芒可能会被忽视,甚至被埋没。作为父母和教育者,我们的任务就是善于发现孩子的优点,让他们在优点中绽放光彩。

"教育孩子,首先要发现孩子的优点。"作为家长,我们的责任就是发现这些优点,并帮助他们更好地展现出自己的才能。

有些家长往往过于关注孩子的短板和不足,却忽略了他们身上的亮点。这种过于关注缺点的做法无疑是给孩子施加了沉重的压力,并限制了他们的发展空间。相反,我们应该积极主动地去寻找孩子身上的优点和潜能。

发现孩子的优点需要我们细心地观察和敏锐地洞察。我们可以从孩子的日常行为中发现他们的特长。比如,孩子喜欢画画、写作、音乐等,这些都可能是他们的潜在才能。此外,还可以通过和孩子进行深入的交流和沟通,了解他们在学校或社交圈中喜欢做什么,这将为我们发现他们的优点提供宝贵线索。

每个孩子都有自己独特的潜力和天赋,就像一颗微小的种子,悄悄地蕴藏着它独有的能量。作为家长或教育者,我们要善于发现并培养孩子身上的优点和才能,这一点我们责无旁贷。一个善于发现孩子优点的人,能够点亮孩子的未来之星,对他们的成长起到至关重要的作用。

在发现孩子的优点之后,我们需要给予他们适当的鼓励和支持。一个肯定的态度和一句鼓励的话语可以增强孩子的自信心和内驱动力,这对他们的成长至关重要。我们可以帮助孩子寻找适合他们发展的机会和资源,让他们能够更好地展现自己的优点。

有的孩子擅长画画,有的孩子善于唱歌,有的孩子喜欢运动,而有的孩子却对科学充满热情。这些都是他们的优点,是他们的天赋。我们需要做的,就是发现并培养孩子的这些优点。

我有一个朋友,他的孩子在学习上一直表现平平,但他却发现了孩子在音乐方面的天赋。于是,他鼓励孩子学习音乐,参加各种比赛,最终孩子的音乐才华得到了认可,也找到了自己的人生方向。这就是发现孩子优点的力量。

我希望每位家长都能善于发现孩子的优点,不要只看到他们的缺点和不足。因为每个孩子都是一颗独特的星星,只要找到他们发光的地方,就能照亮他们的未来。

在寻找优点的过程中,我们不仅仅是在发现孩子的优点,更重要的是给予他们成长的关爱和支持。善于发现孩子的优点,陪伴他们成长的每一天,都是生命中最珍贵的时光。

第 5 章

换位思考,理解孩子的感受

孩子也有自己的烦恼

在这个看似无忧无虑的世界里,孩子们也有着自己的烦恼。他们的世界并不总是阳光明媚,也有阴霾和困惑。他们的心灵并不总是快乐,也有痛苦和挣扎。他们的生活并不总是甜蜜,也有苦涩和挫折。他们的笑容并不总是真实,也有伪装和掩饰。他们的眼神并不总是清澈,也有迷茫和疑惑,只是我们这些成年人往往难以察觉。

孩子们的烦恼,虽然看似微不足道,但却是他们成长过程中必须面对和解决的问题。这些问题,或许会让他们痛苦,会让他们困惑,会让他们挫败,但也会让他们成长,会让他们坚强,会让他们成熟。因为只有经历过烦恼和困扰,才能更好地理解生活,才能更好地面对挑战。

每个孩子的烦恼或许与我们成年人的纷繁琐碎不同,但同样值得关注。有些孩子可能对于家庭的变故心生忧虑,他们可能担心父母的争吵会导致家庭分崩离析;有些孩子可能在学校中遭受欺凌,他们需要应对同学们的暴力行为；还有一些孩子可能因为自身的特别之处而感到形单影只，他们需要理解和接受。

在这个世界的角落，有一群天真无邪的孩子，
他们的眼中闪烁着星辰，心中却藏着万千的烦恼。
他们的笑容如阳光般灿烂，却也掩盖不住内心的忧伤，
那些看似微不足道的琐事，却是他们心灵的重担。

孩子们的烦恼，有时候是来自于学习的压力。 他们要面对繁重的课业，要应对各种考试，要追求高分，要满足父母的期望。他们要在短短的时间里，掌握大量的知识，培养各种技能，形成良好的品格。他们要在学业的竞争中，找到自己的位置，实现自己的价值。他们要在无尽的挑战中，找到自己的方向，实现自己的梦想。

孩子们的烦恼，有时候是来自于人际关系的困扰。 他们要面对复杂的人际关系，要应对各种人际冲突，要处理各种人际问题。他们要在短短的时间里，学会如何与人相处，如何处理人际关系，如何应对人际压力。他们要找到自己的出路，实现自己的和谐。

孩子们的烦恼，有时候是来自于自我认知的困惑。 他们要面对自我认知的挑战，要应对自我认知的困扰，要处理自我认知的问题。他们要在短短的时间里，理解自我，接纳自我，爱护自我。他们要在不断的困惑中，找到自己的答案，实现自己的成长。

孩子们的烦恼，有时候是来自于生活的挫折。 他们要面对生活的困难，要应对生活的挑战，要处理生活的问题。他们要在短短的时间里，学会如何面对生活，如何处理生活，如何应对生活。他们要在不断的挫折中，找到自己的力量，实现自己的坚强。

孩子们的烦恼，有时候是来自于对未来的迷茫。 他们要面对未来的不确定，要应对未来的挑战，要处理未来的问题。他们要在短短的时间里，学会如何规划未来，如何面对未来，如何应对未来。他们要在不断的迷茫中，找到自己的目标，实现自己的未来。

作为成年人，作为父母，我们要学会倾听孩子的心声，与他们建立起信任和沟通的桥梁。我们不能简单地认为孩子只是天真无邪的小天使，而是要理解他们有着自己的思考和情感，尊重他们的个性和感受。

那么，要如何帮助孩子战胜烦恼，保持快乐成长呢？

敏锐的观察是关注孩子烦恼的第一步。 孩子们往往不擅于在家长面前表达自己的困扰，因此家长需要细心观察他们的情绪变化和行为举止。他们可能会变得沉默寡言，不再爱参与集体活动，或是经常性表现出焦虑或情绪不稳定。这些都可能是他们内心烦恼的体现，家长们要从这些细微的变化中发现问题，及时采取行动。

家长要时刻保持沟通。 和孩子保持良好的沟通，是了解他们内心世界的有效途径。我们可以通过询问"今天在学校有什么不开心的事吗"或者"有没有什么你想和我分享的"这样的问题，让孩子敞开心扉，将内心的烦恼与忧虑与我们分享。

家长要宽容和理解。当孩子将他们的烦恼倾诉给我们时，我们必须保持宽容和理解的态度。不论他们的烦恼是否合理，我们都需要给予他们足够的尊重和关怀。了解孩子们的困扰，能够让我们更好地把握他们的需求，为他们提供积极的支持与建议。

家长要鼓励孩子积极应对烦恼。面对烦恼，我们不能替代孩子去解决，但可以帮助他们学会应对烦恼的方式。鼓励他们找到解决问题的途径，给予他们正确的引导和建议。培养他们的自信心和解决问题的能力，让他们在成长的道路上逐渐独立、坚强。

家长要给予足够的陪伴和支持。成长的路上，孩子们需要有家长的陪伴和支持。当孩子们面临困难和压力时，我们要及时出现在他们身边，给予他们鼓励和支持。齐心协力共同面对问题，这样不仅能够帮助他们渡过难关，也能让他们感受到温暖和安全。我们要让孩子们知道，无论他们遇到什么困难，都有人愿意站在他们身边，给予他们力量和勇气。

要教会孩子们如何面对挫折和困难。有人说："人生的价值不在于拥有成功，而在于学会从失败中站起来。"我们要教育孩子们要有信心，要相信自己的能力，要勇敢地去追求自己的梦想。

孩子们的烦恼是真实存在的，我们不能忽视他们的感受。通过沟通、理解、鼓励和支持，我们就能以温暖的爱心让他们的成长之路更加光芒耀眼。让我们成为他们心中的绿洲，陪伴他们度过人生的起起伏伏。

爱孩子就请放下高姿态

在这个竞争激烈的社会里,家长们往往希望自己的孩子能够成为人中龙凤,因此对孩子的教育投入了大量的心血。但是有时候家长们过于关注孩子的学习成绩和未来的发展,却忽略了孩子内心的需求。父母是孩子成长中最重要的引导者和榜样。然而,在过分追求权威性的同时,我们可能忽视了一个关键的因素:爱孩子就请放下高姿态。

无论是父母还是孩子,亲密的关系都是建立在共同的尊重和理解基础上的。然而,很多时候,家长们忽略了这个重要的原则,因为他们误以为高姿态能让他们更加有权威感和掌控力。恰恰相反,这种姿态只会让孩子们感到受压迫和排斥,从而破坏了亲密的关系。请细细回忆,我们对孩子是否曾经有过高高在上的姿态呢?

很多时候,我们在孩子面前会不自觉地摆出一副自以为是的姿态,仿佛自己的经验和智慧就是唯一正确的。我们高瞻远瞩,指点

江山,只看重他们的成绩。然而,这种高姿态的爱并不能真正帮助孩子成长,反而可能会扼杀了他们的个性与创造力。

放下高姿态,并不意味着放弃对孩子的教育和引导责任,而是通过理解和尊重孩子的独立思考和表达方式,与他们建立更紧密的联系。与孩子平等相处,并倾听他们的意见和看法,会为他们树立良好的榜样,使他们更愿意与你分享他们的想法和感受。

爱孩子就请放下高姿态,让他们在你的引导下学会坚强。

不要用你的担忧去限制他们,让他们去面对生活的挑战。

爱孩子就请放下高姿态,让他们在你的支持下去尝试。

不要用你的失望去打击他们,让他们去拥抱成功的喜悦。

爱孩子就请放下高姿态,让他们在你的陪伴中去感受。

不要用你的距离去疏远他们,让他们去珍惜亲情的美好。

爱孩子,需要我们放下高姿态,与他们平等相处。要与孩子建立真挚的连接,倾听他们的声音,理解他们的需求。每个孩子都是独特的个体,有自己的兴趣、才能和梦想。我们应该尊重他们的选择,鼓励他们发展自己的特长,为他们提供适当的支持和指导。

孩子需要的是我们的陪伴和关爱,而不仅仅是我们的指导和要求。我们应该与他们一同探索生活的奥秘,一同分享喜怒哀乐。在他们面前,我们不仅是长者,还是他们最坚强的后盾,最温暖的港湾。

放下高姿态,并不是放弃对孩子进行正确引导的责任。我们作为父母或者教育者,仍然需要培养他们正确的道德观和价值观。但是,我们需要做到平和与尊重,以平等的姿态与他们沟通,给予他们自由思考的空间。在爱的庇护下,他们才能获得成长与进步。

作为成年人,我们应该展现出开放和包容的态度,而不是断然拒绝或评判孩子。只有这样,他们才会愿意与我们分享自己的想法和困惑,我们才能真正帮助他们解决问题。

爱孩子就请放下高姿态，让他们在你的信任中去成长。

不要用你的怀疑去伤害他们，让他们去拥有自信的力量。

爱孩子就请放下高姿态，让他们在你的宽容中去犯错。

不要用你的指责去羞辱他们，让他们去学会勇敢地承认错误。

爱孩子就请放下高姿态，让他们在你的鼓励中去追求。

不要用你的嘲笑去打击他们，让他们去拥有坚定的信念。

爱孩子，从放下高姿态开始。让我们与孩子们一同成长，直到他们张开翅膀飞向天空，而我们则骄傲地注视着他们的飞翔。我们要明白，真正的爱不是高高在上，而是与他们同行，在平凡的生活中用真心呵护。

那么，我们应该怎么做呢？"你无法通过批评来改变一个人，你只能通过理解和关爱来影响他们。"这句话提醒我们，爱孩子不仅仅是关心他们的成长，更是要学会站在他们的角度去理解他们的需求和感受。

即便孩子"长势不好",也不能嫌弃

在当今竞争激烈的社会中,人们往往对有卓越表现者极力推崇。如果孩子在某一方面"长势不好",家长们往往会感到焦虑和失望,甚至会嫌弃孩子。

在孩子的成长过程中,家长扮演着至关重要的角色。然而,很多时候家长们往往因为自己的期望限制了孩子的发展。不少家长不仅对孩子的能力抱有怀疑态度,甚至嫌弃他们的不足。然而,我们应该认识到每个孩子都有无限的潜能,只需要给予正确的引导与支持,他们将展现出令人惊叹的能力。

因为孩子的成长和发展是一个多样且复杂的过程,他们的优劣并不能简单归纳于某个特定的标准。

每个孩子都是独特的个体,他们有自己的节奏、爱好和潜能。

将孩子仅仅定义为"优秀"或"不优秀"是一种狭隘和局限的认知。我们应该以宽容和爱的心态，尊重并接纳孩子的差异，让他们感受到真正的支持与关怀。只有这样，我们才能帮助孩子建立积极的自我认同，树立健康的人生观和价值观，最终助力他们走向成功。

每个孩子都有自己独特的个性和天赋，教育应该是因材施教的过程。 有些孩子在学习上可能会稍显吃力，但却在其他方面展现出非凡的才华和优点。比如，他们可能擅长艺术、体育或人际交往。作为家长，我们要以宽容的心态去发现和培养孩子的潜力，让他们能够在自己擅长的领域展现出耀眼的光芒。

而且在孩子的成长过程中，考试成绩并不能决定他们将来的发展。培养孩子积极的情绪和心理素质同样重要。关心和倾听孩子的内心世界，为他们提供安全、温暖的家庭环境，培养他们情感表达和处理问题的能力，都能对孩子的全面发展产生积极的影响。家长可以鼓励孩子参与社交活动、锻炼身体，并循循善诱地指导他们积极应对挫折和困难，培养他们身心健康的品质。

每个孩子都有自己的优点和特长，也有自己的不足和弱点。 我们不能因为孩子在某一方面"长势不好"，就否定他们的全部。我们应该尊重孩子的个性，鼓励他们发展自己的优点和特长，而不是强迫他们去追求我们认为的成功。

有一个小男孩，他在学校的成绩一直不好，所有的老师都对他失去了信心。但是，他的父亲没有放弃他，他开始花更多的时间和孩子一起玩耍，了解他的兴趣爱好。他鼓励孩子参加学校的足球队，虽然最初孩子在队伍中并不出色，但是他的热情和坚持最终让他成了队伍的主力。这个例子告诉我们，只要我们给予孩子足够的爱和支持，他们就能找到自己的方向，实现自己的潜力。

每个孩子都应该被尊重和珍视，因为他们都是未来的希望。我们应该尽力去理解他们，帮助他们发现自己的优点和潜力，而不是一味地批评和嫌弃他们。只有这样，我们才能真正地帮助他们成长，让他们在未来的生活中发光发热。

我们要理解，孩子的"长势不好"可能是暂时的。有些孩子可能在某一方面的能力上起步较晚，但只要他们有足够的耐心和毅力，就有可能后来居上。我们不能因为孩子的一时落后，就对他们失去信心。我们应该给予他们足够的支持和鼓励，让他们有信心去面对挑战。

我们要认识到，孩子的"长势不好"可能是他们的自我保护机制。有些孩子可能因为害怕失败，或者害怕被批评，而故意在某一方面表现出"长势不好"。这种情况下，我们更应该给予他们理解和包容，而不是嫌弃和责备。我们应该和他们进行沟通，了解他们的真实想法，帮助他们建立自信，克服困难。

我们要记住，爱，是无条件的接纳。无论孩子在哪一方面的"长势"如何，他们都是我们的孩子，我们都应该无条件地爱他们。我们应该用爱来接纳他们的全部，包括他们的优点、缺点、成功和失败。只有这样，我们才能真正地帮助他们成长，让他们感受到家庭的温暖和力量。

无论孩子是否"优秀"，他们都值得被爱和被尊重。让我们摒弃片面的标准，给予每个孩子应有的关怀和机会，成为他们成长道路上最坚定的支持者和引导者。

我们必须摒弃固有的偏见，给予孩子们更多的机会和信任。 每个孩子都是独特的个体，他们拥有自己的优点和才华。而家长应该以鼓励和支持的心态来面对孩子们，让他们在探索中发现自己的兴趣和特长。毕竟，并非每个孩子都要成为科学家或者音乐家，而是会在他们热爱和擅长的领域中追求自己的梦想。

家长的言行举止对孩子的影响不可忽视。 我们应该用积极的态度与鼓励的话语来激发孩子的内在动力。在孩子面临挑战和困难时，家长应该给予孩子坚定的支持和帮助，让他们相信自己的能力，勇敢面对困难并努力克服。

家长应该明白每个孩子都有其独特的成长节奏。 不应期望所有孩子在同一时间内达到相同的标准。孩子每个阶段的进步都值得赞扬和鼓励，切勿以过高的期望压迫孩子们。家长的理解和耐心将为孩子的成长提供必要的滋养土壤。

通过正面的态度和充分的理解,家长们可以帮助孩子们发掘他们的才华和潜能。我们不应该嫌弃孩子们,而是要坚信"天生我材必有用",他们每个人都有独特的价值和贡献。家长的支持和鼓励将是孩子们取得成功的重要因素。

持有偏见，不会有好的教育

在我们的生活中，偏见无处不在。它可能源于我们对某个群体的误解，也可能源于我们对自己的不自信，这种偏见可能源于我们的背景、经历、文化或传统观念。然而，当我们将这些偏见带入教育领域时，我们却可能阻碍孩子的发展，限制其个人的成长。

偏见，是一个具有毁灭力的观念和态度。如果我们带着偏见来对待教育，那么我们将失去探索新知识、培养创造力和塑造独立思考能力的机会。偏见会限制我们的思维和发展。在我们的生活中，偏见无处不在。它可能源于我们对某个群体的误解，也可能源于我们自身的恐惧和不安。然而，有一种偏见，却常常被我们忽视，那就是对孩子的偏见。

有的孩子学习成绩不好,我们就认为他们是"笨孩子";有的孩子行为举止不够成熟,我们就认为他们是"不懂事的孩子";有的孩子性格内向,我们就认为他们是"孤僻的孩子"。这些偏见,像一把把无形的剑,深深刺痛了孩子们的心。

然而,我们有没有想过,这些偏见其实是我们自己的问题?我们有没有尝试去理解他们的内心世界?我们有没有尝试去发现他们的优点和特长?我们有没有尝试去帮助他们改正错误,而不是一味地指责和嘲笑?

教育应该是开放和包容的,而不仅仅是传授知识。它应该激发孩子的好奇心,培养他们的批判性思维和解决问题的能力。然而,当我们持有偏见时,我们倾向于传达特定的观点,忽视其他可能的观点和理解。

思考一下,如果教育中只存在单一的观点和思维方式,那么我们如何培养出有创造力和独立思考能力的个体呢？偏见与教育的碰撞可能导致学生的成见变得更加根深蒂固，他们可能会轻信谣言和负面影响，而不去探索更广阔的世界。这无疑将成为一个无法逆转的恶性循环。

我们需要打破这种僵化的教育模式，摒弃自身的偏见，接受和欢迎不同的观点和意见，强调尊重和理解的重要性，让孩子学会接受多样性，促进社会的包容与进步。

因此，我们必须认识到持有偏见在教育中的危害，并努力消除这些无形的障碍。

首先，持有偏见会阻碍家长公正地去对待孩子。当家长对孩子抱有成见时，他就可能对这个孩子的教育投入较少的关注和资源。这不仅会影响孩子的学习成果，还可能导致孩子的自尊心受损，从而影响孩子的心理健康。

当家长对孩子抱有成见时，他就可能对这个孩子的学习需求和能力估计不足，导致在选择教学方法和策略时失当。这不仅会孩子的学习进步，还可能影响孩子的学习氛围和动力。

持有偏见还会影响孩子的人际关系和社交技能的发展。当孩子在家中感受到父母的偏见时，他们可能会对家庭教育产生负面的看法，从而影响对学习的热情和积极性。

只有持开放的心态，孩子才能接触到全新的思维方式、文化和观念，从而拓宽他们的视野，培养他们的人际交往能力，并在这个多元化的社会中获得成功。

那么，如何消除教育中的偏见呢？

孩子们是一张白纸，他们的未来充满了无限的可能性。我们不能因为他们的一些缺点，就否定他们的全部。我们应该给他们一个公平的环境，让他们有机会展示自己的才华，实现自己的梦想。

我们要摘下有色眼镜，用平等和尊重的眼光看待每一个孩子。我们要相信，每个孩子都有他独特的价值，每个孩子都有可能成为社会的栋梁。

孩子，是我们生活中的一道彩虹，他们的笑容可以驱散我们的阴霾，他们的纯真可以让我们找回失去的善良。然而，有时候，我们却会因为一些无关紧要的事情，对他们产生偏见。

我们要提倡多元文化教育。我们应该在课程设置中加入多元文化的内容，让学生了解世界各地的历史、文化和风俗习惯，培养他们的包容心态和跨文化沟通能力。

我们要鼓励批判性思维。教育的目的不仅仅是传授知识，更重要的是培养学生的独立思考能力。我们应该鼓励学生对所学知识进行质疑和反思，培养他们分析问题、解决问题的能力。

让我们摒弃偏见，打破狭隘的思维束缚，给孩子们提供一个宽广的教育平台。这样，他们将成为未来的创造者，以自身开放的心态和广博的知识为社会发展赋能。只有摆脱偏见的困扰，引导孩子审视多元的世界，教育才能真正发挥其潜力。

第 6 章

正面管教，关心孩子的内心需求

孩子的叛逆，不能一味压制

在我们的生活中，孩子们的叛逆期是每个家长都会经历的一段特殊时期。这个阶段的孩子会表现出对规则的反抗，对权威的挑战，甚至会对父母的建议和指导持有质疑和否定的态度。但是我们不能因为孩子的叛逆就一味地压制他们，而应该学会正确地引导他们的独立思考。

在孩子的叛逆期，过度的压制和控制只会让他们产生逆反心理，进而导致更大的冲突。

孩子的叛逆是成长过程中难以避免的一部分。要理解孩子的叛逆，我们需要穿越表象，深入其中，欣赏他们所面对的内心挣扎。

叛逆期的孩子往往自带挑战，他们的思维方式与成人截然不同。他们渴望被认可和尊重，期望自己的意见和选择被重视。如果我们一味地压制他们，限制他们的发展和表达空间，不仅会伤害孩子的自尊心，还会阻碍他们自我成长的步伐。

"青春不是年华，而是心境；青春不是桃面、丹唇、柔膝，而是深沉的意志，恢宏的想象，炙热的感情；青春是生命的深泉在涌流。"这句话告诉我们，青春不仅仅是一个人的年龄，更是一种心态和精神状态。对于孩子来说，青春期是一个充满挑战和变化的时期，他们需要面对身体、心理和社会上的各种变化，同时也需要探索自我、寻找自己的价值和意义。

在这个过程中，有些孩子可能会表现出叛逆的行为，比如说反抗父母的规定、顶撞老师的话、与同龄人产生矛盾等。这时候，很多家长和老师都会采取压制的方式来解决问题，认为只要让孩子听话了，问题就解决了。但是，这种做法往往会导致孩子的反感和更加强烈的逆反心理，甚至会对他们的成长产生负面影响。

我们要明白，孩子的叛逆并不是坏事。这是他们在成长过程中，逐渐形成自我认知，开始独立思考的表现。他们开始对世界有自己的看法，开始有自己的想法和主张。这是一个积极的过程，是他们从依赖到独立的重要一步。

孩子进入叛逆期，常常被视为问题的源头。他们表现出来的顶嘴、抗拒和挑战性的行为常常让家长和老师感到沮丧和无力。然而，我们应该认识到叛逆期是孩子拥抱自我独立性的阶段，是他们寻求个性发展和自我探索的过程。

我们需要认识到，叛逆期对孩子来说是一个探索自我的阶段。 他们希望独立于父母，尝试新事物，寻求自我认同。作为家长，我们的角色不仅仅是领导者，更应该成为陪伴者和理解者。通过倾听和理解孩子的内心世界，我们可以帮助他们建立自信，培养自我价值感，更好地找到自己的定位。

孩子们的叛逆行为，往往是他们对自我认知的一种尝试。 他们试图通过反抗来证明自己的独立和自主。这时，我们应该给予他们足够的理解和支持，而非简单地压制。我们可以试着与孩子进行沟通，倾听他们的想法，帮助他们找到解决问题的方法。这样，孩子们才能更好地认识自己，建立自信。

孩子的叛逆期是他们个性发展的重要阶段，他们渴望独立，追求自我认同。 这种叛逆情绪的表现形式各异，有的会表现出情绪波动大、易怒，有的会经常与父母对立，甚至逃离家庭。这些行为常常让父母感到不解和担心，但我们不能用过于严厉的方式去对待孩子的反抗。

我们应该明白叛逆并非孩子恶意的表现，而是一种内心的呼唤。

在成长的过程中，孩子们面临着自我价值、独立性和自我意识的成熟。他们希望被认可、被尊重，并且希望展现自己独有的特点。叛逆可以被视为孩子们试图建立自己身份和自主性的方式。

了解孩子的需求和情感是应对叛逆的关键。 作为父母，我们应该倾听孩子的声音，理解他们的感受。与他们建立真正的沟通桥梁，让他们感受到关注和支持。表达对他们的鼓励，帮助他们树立正确的价值观和自信心。

我们在引导孩子的过程中，也要注意方法和策略。我们要尊重孩子的个性和选择，但同时也要设立一定的底线。我们要教会孩子如何在尊重他人的基础上表达自己的观点和需求。只有这样，孩子们才能真正地成长为有责任感、有担当的人。

别要求孩子做顺从的羔羊

在成长过程中,孩子们常常面临着过度顺从的压力。他们被要求听话、遵从规则、按照大人的期望行事。然而,过度的顺从可能会限制孩子们的独立思考和个性发展。父母可能会因为考虑到孩子的安全和发展而过度保护他们,导致孩子习惯性地听从别人的指示。父母的溺爱和过分迁就,往往会让孩子失去他们本身的个性,降低他们独立思考和行动的能力。在孩子的成长过程中,一定程度的顺从是必要的,因为他们需要在家庭和学校中学习规则和秩序。然而,如果孩子过于依赖他人的决策,他们将失去自主权,无法独立思考和解决问题。当孩子过度顺从时,他们可能缺乏自信、判断力和决策能力,这可能导致他们在面临挑战时无法应对,产生焦虑和压力。

由于对孩子的期望值过高,在教育孩子的过程中,我们是否过于强调顺从和服从,而忽略了培养他们的独立思考和自主能力呢?作为家长,我们应该摒弃"要求孩子做顺从的羔羊"的教育观念,

关注孩子的独立思考和自主能力的培养。

我们都知道,孩子们天生具有好奇心和探索精神,他们渴望挑战未知、追求卓越。然而,在现实生活中,有些家长却溺爱孩子,对他们百依百顺,甚至为他们解决一切困难。这样的教育方式,虽然看似能够让孩子过上舒适的生活,但实际上却削弱了他们的独立思考能力和解决问题的能力。长此以往,孩子们将变得胆小、懦弱,缺乏面对困难的勇气和信心。

我们应该教育孩子勇敢、独立、有担当,而不是让他们变得软弱、依赖他人。孩子应该有更多的创造性和创新性,这需要我们改变教育孩子的观念和方法。

别要求孩子做顺从的羔羊,而是注重培养他们的独立意识。通过给予他们自主权和鼓励他们思考,我们可以帮助他们成为有创造力、思维独立的个体。这将为他们未来的成长和成功奠定坚实的基础,并使他们能够自信地面对未来的挑战。

让孩子学会独立思考，让孩子学会勇敢面对。
让孩子在挫折中成长，让孩子在困境中砥砺。

别要求孩子言听计从，别要求孩子循规蹈矩。
让孩子去挑战权威，让孩子去颠覆常规。

让孩子去感受生活的美好，让孩子去品味人生的苦涩。
让孩子在风雨中成长，让孩子在阳光下绽放。

培养孩子的独立思考能力至关重要。 在现代社会，信息爆炸，人们面对各种各样的选择。如果孩子没有独立思考的能力，就很容易受到外界的影响，迷失自我。而具备独立思考能力的孩子，在面对问题时，能够勇敢地提出自己的观点，做出正确的判断和决策。

当孩子们掌握独立思考的能力时，他们可以更好地适应并应对未来的挑战。 独立意识不仅包括独立做决策的能力，还包括勇于独立表达观点的能力和自信面对困难的能力。这些品质将使他们成为具有创造性思维，能够独立解决问题、创新和找到成功的道路的个体。

我们要明确一个观念：孩子并非我们的附属品，而是独立的个体。他们有自己的思想、情感和需求，需要我们尊重和关爱。如果我们总是要求孩子顺从，那么他们可能会变得缺乏主见，对外界的压力和挑战无法应对。这样的孩子在未来的人生道路上，很难取得成功。如果我们一味要求他们做顺从的羔羊，我们可能就会错失发现和激发他们潜能的机会。相反，我们应该尊重他们的个体差异，并提供一个培养他们独立性的环境。

培养独立意识也有助于提高孩子的自主性。当孩子们在拥有自主权的环境中成长时，他们会更积极地参与学习和发展自己的兴趣。他们能够根据自己的兴趣选择学习的方向，并对自己的学习进程负责。这种自主性培养了他们的自律和责任感，并且也有助于他们在日后的生活中更好地进行自我管理和生活。

我们应该如何培养孩子的独立性和担当精神呢？

尊重孩子的个性和兴趣。 我们应该尊重他们的兴趣和爱好，鼓励他们去尝试和探索。当他们遇到困难时，我们要引导他们自己去寻找解决方案，而不是立刻替他们解决。这样，孩子们才能逐渐学会独立思考，形成自己的价值观和人生观。

给孩子提供充分的自由空间。 不要过分干涉孩子的生活，让他们有机会独立完成任务，锻炼自己的能力。通过给予适当的自主权和鼓励参与决策，我们可以帮助他们建立自信和树立自主的态度。

让我们共同努力，培养独立自主的孩子。

鼓励孩子提问和质疑。当孩子对某个问题产生疑问时，我们应该耐心解答，引导他们进行深入的思考。我们要用自己的行动告诉孩子，勇敢、独立、担当是一种值得追求的品质。在孩子成长的过程中，我们应该时刻提醒自己，让孩子走出舒适区，培养他们的独立性是至关重要的。

培养孩子的责任感。让孩子明白，他们的行为和选择会对自己和他人产生影响，从而学会承担责任。让他们明白，每个人都有自己的使命和责任，只有勇敢地承担起这些责任，才能够成为一个真正的领袖。例如，我们可以让孩子参加志愿者活动，帮助弱势群体；或者让他们参加各种竞赛和挑战，锻炼自己的意志力和毅力。

培养孩子独立思考的能力。当他们学会独立思考时，他们能够更好地分析问题，自主解决困难，并将所学知识运用到实际生活中。培养独立思考能力的关键在于给予孩子良好的教育环境，鼓励他们提出问题、寻求答案，并引导他们思考问题的不同角度。培养孩子的独立性是非常重要的。首先，这能够激发他们的创造力和想象力。当孩子被给予自主权时，他们会有机会尝试新的想法和方法，从而培养独特和创新的思维方式。其次，独立自主的孩子更有可能在人际关系中建立良好的沟通渠道，解决所面临的问题。他们能够自信地表达自己的观点，并与他人合作找到最佳解决方案。最重要的是，独立自主的孩子更有可能成为自信、有韧性和成功的成年人。

培养孩子拒绝顺从的能力。当孩子学会拒绝顺从时，他们能够更好地保护自己，树立自己的价值观，并成为自信和坚定的个体。拒绝顺从并不意味着鼓励孩子成为叛逆的人，而是帮助他们认识到，他们有权利发表自己的声音，拥有自己的选择。

允许孩子发出自己的声音

我们总是期待孩子们能够成为最优秀的自己。在传统的教育观念中,家长们往往认为孩子是一张白纸,需要我们去描绘、去塑造。因此,我们会不自觉地将自己的想法、观念强加给孩子,希望他们能够按照我们设定的轨迹成长。然而,在这个过程中,我们是否忽略了一个重要的环节——允许孩子发出自己的声音?

如果孩子的想法和行为总是被父母或老师否定,他们可能会感到压抑和挫败,这对他们的心理健康是非常不利的。反之,如果我们能够尊重他们的想法,给予他们足够的自由和空间,那么他们就会感到被尊重和理解,这对他们的心理健康是非常有益的。

如果我们总是试图控制孩子,那么他们可能会对我们产生反感和抵触,这对我们的亲子关系是非常不利的。作为家长和教育者,我们的责任不仅仅是传授知识,更重要的是培养孩子们独立思考、表达自己观点的能力。让孩子发出自己的声音,是对他们个性的尊重,也是对他们成长的关爱。

每个孩子都有自己的兴趣、爱好和梦想，也有自己的思考和见解。许多家长和老师却常常忽视这一点，试图将孩子们塑造成自己心目中的完美模样。他们可能会强迫孩子学习自己认为重要的技能，或者按照自己的期望去参加各种兴趣班。这样做的结果往往是让孩子失去了自我，变得越来越沉默寡言。我们应该尊重孩子的个性，鼓励他们勇敢地表达自己的想法，而不是强迫他们按照我们的意愿去生活。只有这样，孩子们才能在成长过程中找到自己的价值和方向，成为一个有独立人格的人。

每个人都有自己的思考方式和观点，这是人的独立性和个性的体现。 如果我们总是试图按照自己的意愿去塑造孩子，那么他们就可能会失去自我，变得没有主见，只知道盲目地跟随别人。这样的孩子在未来的生活和工作中，很可能会遇到困难，因为他们缺乏独立解决问题的能力。

允许孩子有自己的想法，有助于培养他们的创造力和批判性思维。 在现代社会，创新和批判性思维是非常重要的能力。然而，这些能力并不是一蹴而就的，而是需要在孩子的成长过程中逐渐培养的。如果我们总是告诉孩子什么是对的，什么是错的，那么他们可能会变得依赖性强，缺乏独立思考的能力。相反，如果我们能够让孩子自己去思考、去探索，那么他们将会更加勇敢地去面对未知的世界，更加敢于挑战权威。

允许孩子有自己的想法，有助于建立和谐的家庭关系。在家庭中，如果家长总是试图控制孩子的一切，那么孩子可能会感到压抑、不满。这种负面情绪可能会导致家庭关系的紧张，甚至影响到孩子的心理健康。相反，如果我们能够尊重孩子的意见，与他们平等地交流，那么家庭关系将会变得更加和谐，孩子也会更加愿意与我们分享他们的喜怒哀乐。

让孩子发出自己的声音，并不意味着纵容他们的一切行为。这是培养他们独立人格的重要途径，在尊重和倾听的基础上，我们还要引导孩子学会分辨是非，明辨对错。我们要教育他们遵守社会规则，尊重他人，关爱环境。只有尊重和倾听孩子的声音，我们才能帮助他们找到自己的方向，成为真正的自己，孩子们才能在健康、和谐的环境中茁壮成长，成为一个有责任感、有担当的人。

给予孩子合理争辩的权利

在我们的生活中，争论和辩论是无处不在的。无论是在学校、家庭还是社会中，我们都需要学会如何表达自己的观点，与他人进行合理的争辩。然而，对于孩子们来说，学会合理争辩却是一项至关重要的能力。

他们需要学会如何在纷繁复杂的信息中筛选、分析和判断，形成自己的观点。而在这个过程中，给予孩子合理争辩的权利显得尤为重要。这不仅有助于培养他们的独立思考能力，还能让他们在与人沟通交流时显得更加自信、从容。

"教育应该培养一个有独立思考能力的人，而不是一个会找答案的人。"它提醒我们要给予孩子们足够的空间去探索、去质疑、去争辩。

我们必须明白，合理的争辩不仅仅是一种学习方式，更是一种生活态度。它能帮助孩子们建立自信，学会尊重他人的观点，发展批判性思维。想象一下，如果我们的孩子从小就被鼓励去表达自己的观点，去和别人争论，那么他们将更有可能在将来的社会生活中，勇敢地站出来捍卫自己的权益。

在我们的传统教育观念中，孩子总是被要求要听话、顺从。然而，随着社会的发展，越来越多的家长开始意识到，给孩子一个合理争辩的权利，对于他们的成长和发展具有重要的意义。

合理争辩能够激发孩子的思考潜能。 当孩子们面临不同观点和看法时，他们需要调动自己的知识储备，运用逻辑思维去分析问题，从而形成自己的见解。在争辩的过程中，孩子需要对问题进行深入的思考，分析问题的本质，从而形成自己的观点。这样的过程有助于孩子锻炼自己的思维能力，提高独立思考的能力。这个过程就像是一场头脑风暴，让孩子们在思考中不断成长。而这种成长，将会使他们在未来的学习和生活中更加游刃有余。

合理争辩有助于培养孩子的沟通能力。 在争辩过程中，孩子们需要学会如何表达自己的观点，如何倾听他人的意见，如何进行有效的沟通。这些都是人际交往中非常重要的技能。通过合理争辩，孩子们可以学会尊重他人，理解他人，从而更好地与他人相处。在争辩中，孩子需要勇敢地表达自己的观点，即使面对不同意见，也要坚定自己的立场。这样的过程有助于孩子建立自信心，敢于面对挑战。

合理争辩还能培养孩子的批判性思维。 在这个充满各种观点和信息的时代，孩子们需要具备辨别是非的能力。而合理争辩正是培养这种能力的良方。通过争辩，孩子们可以学会从多个角度去审视问题，从而更加客观、全面地看待事物。

要让孩子真正享受到合理争辩带来的好处，家长也需要付出一定的努力。

那么，作为家长，我们应该如何给孩子提供一个合理的争辩环境呢？

尊重孩子的观点。 在孩子提出自己的观点时，家长应该给予充分的尊重，不要轻易否定孩子的想法。即使孩子的观点是错误的，也要引导他们自己去发现和纠正。

鼓励孩子表达自己的观点。 家长应该鼓励孩子勇于表达自己的观点，不要因为担心孩子的表达能力而限制他们的发言。只有让孩子充分表达自己，才能培养他们的沟通能力。

引导孩子学会倾听。 在争辩中，倾听对方的意见是非常重要的。家长应该教育孩子学会倾听，尊重他人的观点，这样才能更好地进行有效的沟通。在争辩过程中，孩子们可能会遇到很多挑战，如情绪波动、沟通障碍等。这时，家长要耐心引导，教会孩子如何调整自己的情绪，如何有效地与他人沟通，让他们在争辩中不断成长。

适时给予指导。 在孩子进行争辩时，家长应该适时给予指导，帮助他们分析问题，提高他们的思维能力。但要注意的是，家长的指导应该是建议性的,而不是强制性的。争辩不是为了争胜,而是为了寻求真理,解决问题。孩子们在争辩中要学会尊重他人,倾听对方的观点,理性分析问题,提出自己的建议。

给予孩子合理争辩的权利,是培养他们独立思考、沟通能力和批判性思维的重要途径。让我们共同努力,为孩子们创造一个充满争辩与思考的成长环境,让他们在这个充满挑战的时代茁壮成长。

别用消极比较"激励"孩子

在我们的生活中,我们常常会听到这样的话:

"你看看人家小明,学习多好,你怎么就不能像他一样?"

"你看看人家小红,画得多好,你怎么就不能像她一样?"

"你看看人家小强,学习和体育样样都好,你呢,真的是干啥啥不行,吃饭第一名。"

这种以他人为参照的比较,被许多人误认为是激励孩子的一种有效方式。然而,这种方式真的对孩子有益吗?

每个人都有自己的优点和特长,我们不能期待每个孩子都能做到像别人一样。如果总是以他人的优秀来对比孩子的不足,那么孩子可能会产生自卑感，认为自己无论怎么努力都无法达到父母的期望。这种消极的比较方式，可能会严重打击孩子的自信心和自尊心。

我们应该避免使用消极的比较来"激励"孩子。停止无休止地比较，放手让孩子做自己。我们应该尊重他们的个性和选择，鼓励他们追求自己的兴趣和梦想。我们应该给予他们足够的支持和鼓励，让他们有信心去面对生活的挑战。

消极比较可能会导致孩子产生嫉妒心理。 他们可能会因为无法达到别人的水平而感到沮丧，甚至可能会对那些比他们优秀的人产生敌意。这种消极的情绪，不仅会影响孩子的心理健康，也会影响他们的人际关系。他们可能会因为嫉妒别人而与别人产生矛盾，或者因为害怕被别人比较而选择孤独。这对他们的社交能力和人格发展都是非常不利的。

消极比较会让孩子产生自卑感。 他们会觉得自己不如别人，从而对自己失去信心。这种消极的情绪会影响他们的学习和生活，甚至可能导致他们的心理健康问题。

消极比较可能会让孩子失去自我。 他们可能会过于追求别人的成功，而忽视了自己的兴趣和梦想。他们可能会为了迎合父母的期望，而放弃了自己喜欢的事情。这样的孩子，虽然可能在学业上取得了一些成就，但他们的内心可能并不快乐。我们应该以更健康、更积极的方式来引导他们，帮助他们发现自我，实现自我价值。只有这样，我们的孩子才能真正快乐成长。

那么，我们应该如何激励孩子呢？

我们应该尊重孩子的个性和兴趣。 我们应该鼓励孩子去发现自己的潜力，而不是强迫他们去做他们不喜欢的事情。给孩子足够的自由，让他们有机会去探索世界，去发现自己的兴趣。同时，我们也应该给他们足够的支持，让他们在遇到困难时不会感到无助。

我们应该以积极的方式来引导孩子。 我们可以告诉他们，只要他们努力，就一定能够取得进步。我们可以赞扬他们的优点，鼓励他们努力提高自己。同时，我们也应该帮助他们认识到自己的不足，引导他们去改正。

我们应该给予孩子足够的关爱和支持。 我们应该用自己的行动，而不是空洞的言语去影响孩子。我们应该展示出我们对生活的热爱，对孩子的关心。我们应该让他们知道，无论他们的成绩如何，我们都会一直爱他们。

我们要记住，每个孩子都是一颗独特的星星，他们都有自己的光芒。我们应该做的，是帮助他们找到自己的方向，让他们在自己的天空中熠熠生辉，而不是让他们在别人的阴影下黯然失色。

定期开家庭小会议，给孩子打开心扉的机会

在忙碌的生活中，我们常常会忽略与家人的交流，尤其是与孩子的沟通。然而，家庭的和谐与孩子的健康成长离不开有效的沟通。那么，如何让孩子敞开心扉，与我们分享他们的喜怒哀乐呢？答案就是——定期开家庭小会议。

定期开家庭小会议是一种非常有效的沟通方式。家庭会议是一个让我们与孩子建立更紧密联系、增进了解的重要途径。通过家庭会议，我们可以倾听孩子的心声，帮助他们解决问题，培养他们的自信心和自尊心。同时，家庭会议也是一个让我们与孩子共同成长的过程，让我们从现在开始，用家庭会议这个神奇的工具，让孩子打开心扉。

家庭小会议，顾名思义，就是家庭成员定期聚在一起，共同讨

论家庭事务、学习问题、生活琐事等。这样的会议不仅能增进家庭成员之间的感情，还能让孩子在轻松愉快的氛围中敞开心扉，畅所欲言。

在我们的生活中，家庭是我们最为依赖的港湾，而家庭会议则是这个港湾中的重要桥梁。它不仅是家庭成员之间沟通的重要方式，更是维护家庭和谐稳定的重要保障。

家庭会议究竟有什么意义呢？

家庭会议是家庭成员之间沟通的重要方式。在忙碌的生活中，我们往往忽视了与家人的交流，而家庭会议则为我们提供了一个良好的平台。通过家庭会议，我们可以了解家人的生活、工作、学习情况，分享彼此的快乐和困扰，增进彼此的了解和感情。家庭会议也是解决家庭矛盾的有效途径。通过面对面的交流，我们可以更好地理解对方的立场和需求，从而找到解决问题的最佳方案。家庭小会议为孩子提供了一个表达自己观点的平台。在会议上，每个家庭成员都可以发表自己的意见和建议，孩子也不例外。这样的机会让孩子感受到自己在家庭中的地位和价值，从而更加自信地表达自己的想法。

家庭会议是维护家庭和谐稳定的重要保障。家庭是一个小社会，每个家庭成员都有自己的角色和责任。通过家庭会议，我们可以明确家庭成员的责任和义务，使家庭生活更加有序和谐。同时，召开家庭会议也是培养孩子责任感和团队精神的有效途径。通过参与家庭会议，孩子们可以学会尊重他人，学会倾听和表达，学会承担责任，这对他们的成长有着重要的影响。在会议上，孩子需要学会用恰当的语言和方式表达自己的观点，同时也要学会倾听和理解其他家庭成员的意见，这样的沟通过程对孩子沟通能力的培养是非常有益的。

家庭会议是提升家庭幸福感的重要手段。在家庭会议上，我们可以共同制定家庭计划，如旅游、庆祝节日等，这些共同的目标和活动不仅可以增进家庭成员之间的感情，也可以提升家庭的幸福感。同时，家庭会议也是我们释放压力、寻求支持的重要场所。在家庭会议上，孩子可以倾诉自己的困扰，寻求家人的帮助和支持，这对孩子的心理健康有着重要的促进作用。在会议上，家长可以引导孩子关注社会热点，让孩子在讨论中逐渐形成自己的价值观。同时，家长还可以借此机会教育孩子如何处理人际关系、如何面对挫折等，帮助孩子树立正确的人生观。

我小的时候，我们家曾就孩子的未来规划举行了一次家庭会议。在这个会议上，我和我的家人一起讨论了我的兴趣爱好、职业目标以及需要改进的地方。这个过程让我感到自己非常受重视，同时也让我更加明确了自己的方向和目标。我相信，如果每个家庭都能像定期举行家庭会议，那么孩子们一定会更加自信和有力量去追求自己的梦想。

假设你的孩子最近在学校遇到了一些困难，他可能不知道如何向你们表达自己的感受。这时，你可以选择在家庭会议上与他分享这个问题。在讨论中，你可以鼓励孩子说出自己的想法，让他知道你们愿意倾听他的声音。这样一来，孩子就会感到被理解和支持，从而更愿意与你们分享生活中的喜怒哀乐。

家庭会议不仅是一种沟通方式，更是一种家庭文化的体现。通过这种方式，我们可以传递给孩子更多的爱和关怀，让他们在成长的过程中感受到家庭的温暖和支持。

家庭会议要有一个轻松愉快的氛围。 家长可以选择一个周末的晚上，或者晚餐后的时光，邀请孩子一起参加家庭会议。在会议上，家长可以鼓励孩子分享自己的喜怒哀乐，也可以讲述自己的故事。

这样，孩子们会感受到家长的关爱，从而更愿意敞开心扉。也可以一起观看一部感人至深的电影，然后进行讨论；或者邀请孩子参加一次户外活动，分享他们在活动中的感受和收获。这些方式都可以让家庭会议变得更加生动有趣，让孩子们在愉快的氛围中感受到家庭的温暖和支持。

家庭会议要有明确的目标。家长可以根据孩子的实际情况，设定一些具体的目标，如提高学习成绩、培养兴趣爱好等。在会议上，家长可以和孩子一起讨论如何实现这些目标，制定具体的计划。这样，孩子们会感受到家长的支持，从而更有信心去面对挑战。

家庭会议要注重互动。家长可以设计一些有趣的游戏，让孩子们在轻松的氛围中参与讨论。例如，家长可以提出一个问题，让孩子们轮流发表自己的看法。这样，孩子们会感受到家长的尊重，从而更愿意表达自己的想法。

开家庭会议要有耐心。家长要给孩子足够的时间，让他们逐渐适应这种沟通方式。在会议上，家长要学会倾听，不要急于打断孩子的话。当孩子遇到困难时，家长要给予鼓励和支持，帮助他们建立自信。

尽量把选择权交还给孩子

在我们的生活中，我们总是习惯于为孩子做出各种决定，从选择学校、专业，到选择朋友、生活方式。甚至从早晨起床的第一刻开始，我们就在为一天的安排做决定：吃什么早餐？穿什么衣服？去哪里上学或上班？这些看似微不足道的选择，实际上都在塑造我们的生活。然而，当我们成为父母后，我们往往会不自觉地剥夺孩子的选择权，试图为他们规划好一切。然而，我们是否曾经考虑过，这样做是否真的对孩子有益？我们是否应该尽量把选择权交给孩子，让他们学会独立思考和决策？

当我们把选择权交给孩子时，我们实际上是在给他们提供更多的机会去探索和尝试不同的事物。比如说，当一个孩子在选择自己喜欢的课程或者活动时，他们会更加投入和认真地去学习和发挥自己的才能。此外，给孩子选择权也可以帮助他们学会如何做出决策并承担责任，这对于他们未来的成长和发展非常重要。

让孩子学会自己选择，是培养他们独立自主能力的重要途径。作为家长，我们要尊重孩子的意愿和兴趣，提供多样化的选择，培养他们的决策能力，鼓励他们勇于尝试和犯错，以培养出有独立思考能力和决策能力的孩子。

"教育不是为了让人们找到一份好工作，而是为了让他们找到一条让自己热爱的道路。"这句话告诉我们，教育的目的不仅仅是让孩子们获得知识和技能，更重要的是帮助他们发现自己的兴趣和激情，并为实现自己的目标做好准备。

每个人都有自己的思考方式和价值观，这是他们个性的一部分。如果我们总是替孩子做决定，那么他们就会失去自我思考和判断的机会，这对他们的个性发展和独立人格的形成是极其不利的。

当我们把选择权交给孩子时，他们会更加珍惜自己所做的决定，更加努力地去实现这些决定。例如，当孩子们有机会自己安排课外活动时，他们会更愿意积极参与，因为他们知道自己的选择会对自己的生活产生影响。这种自主性会让孩子更加自信，更有动力去追求自己的梦想。

我们也需要在适当的时候给予孩子建议和指导。但关键是要让他们明白，我们的目的是帮助他们更好地成长，而不是替他们做决定。我们需要教会孩子们如何分析问题，如何权衡利弊，如何在困难面前坚持。这样，当他们面临重大抉择时，他们才能做出明智的决定。

在这个过程中，我们要学会倾听孩子的心声，尊重他们的意见。 我们要相信，每个孩子都是独一无二的个体，他们都有自己的天赋和潜力。我们的任务是引导他们发现自己的兴趣和激情，激发他们的创造力和想象力。让孩子做决定可以帮助他们建立自信心，当他们做出的决定有好的结果时，他们会对自己的能力有更多的信心；即使结果不尽如人意，他们也会从中学习到宝贵的经验，这对他们的成长也是非常有益的。

让孩子做决定可以培养他们的责任感。当他们需要为自己的决定负责时，他们会更认真地对待每一个决定，这对他们的成长是非常有帮助的。让孩子做决定并不意味着我们可以完全放手不管。作为父母，我们的角色是引导和支持，而不是替代。我们需要教会孩子如何做出明智的决定，如何处理失败，如何从错误中学习。

家长应尽量把选择权交给孩子，这不仅有助于培养他们的独立思考能力、责任感、自信心和创造力，还能让他们更好地适应社会，成为一个有担当、有责任心的人。让孩子学会自己选择，不仅能够帮助他们建立自信，还能够让他们在未来的人生道路上更加从容应对各种挑战。那么，**如何让孩子学会自己选择呢？以下几点建议或许能给您带来一些启示。**

1. 提供多样化的选择

让孩子学会自己选择，首先要给他们提供多样化的选择。我们可以让孩子参与家庭决策，如选择周末的活动、晚餐的菜品等。此外，我们还可以鼓励孩子参加各种课外活动，如绘画、音乐、体育等，让他们在不同的领域中尝试和体验，从而找到自己真正喜欢的事物。

2. 培养孩子的决策能力

让孩子学会自己选择，还需要培养他们的决策能力。我们可以教育孩子如何分析问题、权衡利弊，从而做出明智的选择。同时，我们还要让孩子明白，每个选择都有其风险和后果，他们需要为自己的选择承担责任。通过这样的训练，孩子在面对未来的选择时，会更加从容和果断。当孩子面临选择时，他们需要权衡各种利弊，分析可能的结果，从而做出最佳决策。这个过程可以锻炼孩子的思维能力，让他们学会独立思考，而不是盲目地听从别人的意见。这对于孩子的成长和未来的发展都是非常重要的。

第 7 章

授之以渔,引导而非逼迫孩子学习

管得越严,孩子越不爱学习

在生活中,我们常常会遇到这样的情况:父母为了孩子的学习成绩,不断地催促、逼迫孩子学习,甚至不惜使用惩罚的手段。这些家长认为"管得越严,孩子越爱学习",这主要是因为他们误解了管教的含义,将管教等同于压迫。他们认为,只有通过严格的管教,才能让孩子好好学习。然而,他们忽视了一个事实,那就是每个孩子都是独立的个体,他们有自己的思想,有自己的兴趣,有自己的梦想。如果我们过于严格地管教他们,剥夺他们的自由,压制他们的个性,那么他们就会失去对学习的热情,甚至会对学习产生反感。

孩子的学习兴趣并不是被强制出来的,而是被激发出来的。如果家长过于严格地管教孩子,可能会让孩子感到压力过大,从而对学习产生厌恶感。相反,如果家长能够给孩子提供一个宽松的学习环境,让孩子在快乐中学习,那么孩子就更有可能对学习产生兴趣。

事实上，过度的压力和逼迫往往会让孩子对学习产生反感，甚至产生逃避心理。这是因为，学习本身应该是一个快乐的过程，是一个探索未知、发现新知的过程。然而，当学习变成了一种被迫的行为，变成了一种压力，孩子们就会失去对学习的兴趣和热情。

过度的逼迫和压力还可能会对孩子的身心健康产生负面影响。 长期的压力和焦虑会导致孩子的心理问题，如抑郁、焦虑等。同时，过度的学习压力也会影响孩子的身体健康，导致他们出现各种身体问题，如失眠、头痛等。

管教并不等于压迫。 管教是一种引导，是一种帮助孩子建立良好习惯，培养独立思考能力的过程。而压迫则是一种强制，是一种剥夺孩子自由，压制孩子个性的行为。这两者的本质是完全不同的。

过度的管教可能会阻碍孩子的独立思考能力的发展。 在学习过程中，孩子要真正理解和掌握知识，就需要有独立思考的能力。如果家长总是替孩子做决定，那么孩子就失去了独立思考的机会。

过度的管教可能会让孩子失去自我控制的能力。 在学习过程中，孩子需要有自我控制的能力，以有效地管理自己的时间和精力。如果家长总是替孩子安排一切，那么孩子就失去了自我控制的机会。

过度的管教可能会让孩子失去对学习的热爱。 学习不仅仅是为了考试和成绩，更重要的是为了获取知识和技能，为了实现自我成长和发展。如果家长只关注孩子的考试成绩，而忽视了孩子的学习过程，那么孩子就可能对学习失去热爱，这对他们的长远发展是非常不利的。

　　这并不是说我们就应该完全放任孩子，不去管教他们。适当的管教是必要的，它可以帮助我们引导孩子走向正确的道路，帮助他们建立良好的习惯。但是，我们需要注意的是，管教的方式和程度应该适中，不能过于严格。

诱孩子学，而不是逼孩子学

在生活中，我们常常会遇到这样的情况：父母为了孩子的学习成绩，不断地催促、逼迫孩子学习。然而，这种方式真的能让孩子爱上学习吗？答案显然是否定的。那么，如何让孩子不用逼迫就主动去学习呢？这就需要我们掌握一种教育的艺术——诱孩子学。

诱孩子学并不是一件容易的事情，它需要我们用心去观察、去理解、去引导。只有这样，我们才能真正帮助孩子找到学习的乐趣，让他们从"被迫"变为"自愿"，从而真正爱上学习。

我朋友小王的孩子曾经对数学非常抗拒，总是觉得这门学科很难也很无聊。但是，小王夫妇并没有逼迫他学习数学，而是通过给他讲解数学在生活中的应用、组织一些有趣的数学游戏等方式来诱使他学习。渐渐地，孩子开始对数学产生了兴趣，成绩也有了明显的提高。

作为家长，我们的责任不仅仅是满足孩子的物质需求，更重要的是引导他们走上学习的道路，点燃他们内心的智慧之火。

我希望大家能够意识到诱孩子学习的重要性，不要逼迫孩子去学习，而是用一些巧妙的方法来激发他们的学习动力。只有这样，我们才能够培养出更加自信、独立、有创造力的下一代。

我们要明确一个观念：没有一种学习方法是适合所有人的。每个孩子都有自己的特点和优势，因此在寻找学习方法时，我们需要因材施教，因人而异。了解孩子的学习风格，可以帮助他们找到更适合自己的学习方法。一般来说，学习风格可以分为视觉型、听觉型和动手型。家长和老师可以通过观察和交流，了解孩子属于哪种学习风格，并在此基础上为他们提供相应的学习资源和方法。

不要逼孩子学习，而是让他们享受学习，让他们知道，学习是一种能力，一种态度，一种习惯。

让他们在阅读中旅行，让他们在写作中表达；让他们在数学中找到逻辑，让他们在科学中感受神奇；让他们在艺术中找到灵感，让他们在历史中找到自我。

不要逼他们学习，而是让他们理解学习，让他们知道，学习不仅仅是为了考试，而是为了理解世界，为了解决问题，为了创造未来。

那么，要如何引导孩子学习呢？以下几点建议或许能给您带来启示。

1. 培养孩子的学习兴趣

兴趣是最好的老师。让孩子对学习产生兴趣，是引导他们学习的关键。家长可以从孩子的兴趣爱好出发，找到他们喜欢的学科，激发他们的学习热情。同时，家长也要关注孩子的学习过程，及时给予鼓励和支持，让孩子在学习中感受到成功的喜悦。

2. 设定合理的学习目标

设定合理的学习目标，有助于孩子明确学习方向，提高学习效果。家长可以根据孩子的年龄、性格和兴趣，为他们制定合适的学习目标。同时，家长要教会孩子如何制定目标，让他们学会自我管理，培养良好的学习习惯。良好的学习习惯是提高学习效果的关键。家长和老师应该从小培养孩子的学习习惯，如专注力、自律性、求知欲等。这些习惯将帮助孩子在学习过程中更加高效地吸收知识，找到适合自己的学习方法。

3. 进行有效的时间管理

时间管理是指通过合理安排时间，提高学习和工作效率的能力。进行有效的时间管理，可以帮助孩子更好地平衡学习和生活，找到适合自己的学习方法。家长和老师可以教孩子制定学习计划、合理安排休息时间、避免拖延等时间管理技巧。

4. 创设良好的学习环境

一个良好的学习环境，对孩子的学习有着重要的影响。家长要为孩子创造一个安静、舒适的学习空间，让他们能够专心致志地学习。此外，家长还要关注孩子的作息时间，保证他们有足够的休息和锻炼，以保持良好的学习状态。在寻找学习方法的过程中，孩子可能会遇到挫折和困惑。家长和老师应该鼓励孩子勇敢尝试，不怕失败，同时教导他们学会反思，从失败中汲取经验，不断调整和完善自己的学习方法。

5. 与孩子共同学习

家长是孩子的榜样，与孩子共同学习，可以增进亲子关系，也能让孩子更好地理解学习的意义。家长可以陪伴孩子一起阅读、做作业，或者参加一些亲子活动，让孩子在轻松愉快的氛围中学习。

6. 培养孩子的自主学习能力

自主学习是指孩子在家长的引导下，根据自己的兴趣和需求，自主选择学习目标、内容和方式的过程。培养孩子的自主学习能力，可以帮助他们更好地适应不断变化的学习环境，找到适合自己的学习方法。家长可以通过设定学习目标、提供学习资源、鼓励探索等方式，激发孩子的自主学习意识。自主学习是孩子终身受益的能力。家长要教会孩子如何自主学习，培养他们的独立思考和解决问题的能力。家长可以引导孩子制定学习计划，教会他们如何查找资料、分析问题，让他们在学习过程中不断成长。

引导孩子学习是一项长期而艰巨的任务,需要家长用心去关注、去引导。只有这样,我们才能帮助孩子点燃智慧之火,激发他们的学习兴趣和潜能,让孩子在轻松愉快的氛围中学习,为自己未来的成长奠定坚实的基础。

利用逆反心理巧治厌学情绪

在生活中,我们常常会遇到一些看似无法解决的问题,比如孩子的厌学情绪。许多家长和教师都在寻找解决这个问题的方法,但是效果却并不理想。然而,如果我们从另一个角度来看待这个问题,或许会有意想不到的收获。这就是利用逆反心理来治疗厌学情绪。

我们需要改变我们对厌学情绪的看法。我们不能把厌学看作是一个问题,而应该把它看作是一个机会。我们可以利用这个机会,让孩子通过自己的努力,找到学习的乐趣。我们需要创造一个适当的环境,让孩子有机会体验到逆反心理。例如,我们可以让孩子自己决定学习的时间和地点,而不是强迫他们按照我们的方式去做。这样,孩子就会有更多的自由,也更不可能产生逆反心理。

逆反心理是指当个体的意愿或行为受到限制或阻碍时,会产生与预期相反的反应。这种心理现象在青少年中尤为常见,他们常常会因为父母的过度干涉而产生逆反心理。即当个体受到某种压力或限制时，会产生与原本意愿相反的行为。这种心理现象在教育领域也有所体现，尤其是对于那些患有厌学症的学生来说，逆反心理可能是他们改变学习态度的关键。

厌学情绪是一种常见的心理问题，表现为对学习的厌恶、逃避和抵触。这种情绪的出现，往往与学生在学习过程中遭遇的困难、压力过大或者缺乏兴趣有关。

逆反心理并不是一种消极的心理现象，而是一种自我保护和自我表达的方式。当学生感到学习压力过大，或者对学习内容失去兴趣时，他们可能会选择逃避或者抵触，这就是逆反心理的表现。然而，如果我们能够正确地引导这种心理，将其转化为积极的动力，那么就有可能改变学生的学习态度。

如果我们能够巧妙地利用逆反心理，可能会找到治疗厌学情绪的新策略。

我们不能总是试图控制孩子的一切，而应该让他们有自己的空间。只有这样，孩子才能真正地体验到逆反心理，也才能真正地找到学习的乐趣。

那么，如何利用逆反心理来治疗厌学情绪呢？

1. 设定挑战性目标

当孩子感到学习压力过大时，我们可以设定一些具有挑战性的目标，激发他们的斗志和求胜心。这样，他们就会主动去学习，而不是被动地接受知识。

2. 提供有趣的学习内容

如果孩子对学习内容失去兴趣,我们可以尽量提供一些有趣的学习材料,激发他们的好奇心和探索欲。这样,他们就会主动去学习,而不是被动地接受知识。

3. 了解孩子的兴趣和特长

每个孩子都有自己的兴趣和特长,家长应该尊重孩子的个性,发现他们的潜能。家长通过观察和交流,了解孩子喜欢什么、擅长什么,从而为他们提供相应的学习资源和环境,让孩子在学习中找到乐趣,产生学习动力。

4. 设定合理的目标和期望

家长应该为孩子设定合理的学习目标和期望,避免期望过高,给孩子带来压力。同时,要关注孩子的学习过程,鼓励他们努力进步,而不是过分追求成绩。让孩子明白,学习是为了提高自己,而不仅仅是为了考试。

5. 营造良好的学习氛围

家庭是孩子成长的摇篮,家长应该为孩子营造一个温馨、和谐的学习氛围。可以设置一个专门的学习空间,让孩子有一个安静、舒适的学习环境。此外,家长还应该以身作则,树立良好的学习榜样,让孩子感受到学习的重要性。

6. 采用多样化的学习方法

传统的填鸭式教育往往让孩子感到枯燥乏味，导致他们产生厌学情绪。家长可以尝试采用多样化的学习方法，如游戏化学习、实践性学习等，让孩子在轻松愉快的氛围中学习。同时，家长还可以鼓励孩子参加课外活动，培养他们的兴趣爱好，提高综合素质。

7. 建立良好的沟通机制

家长与孩子之间的沟通非常重要，家长应该多关心、多倾听孩子的心声，了解他们的想法和困扰。当孩子遇到学习困难时，家长要给予耐心的指导和鼓励，帮助他们解决问题。同时，家长还要学会表达自己的期望和关爱，让孩子感受到家庭的温暖。

解决孩子厌学问题需要家长的耐心、爱心和智慧。只有真正关注孩子的需求，才能找到适合他们的学习方法，让他们重新燃起对学习的热爱。利用逆反心理来治疗厌学情绪，是一种非常有效的方法。它不仅可以帮助我们解决厌学情绪的问题，还可以帮助我们更好地理解和引导孩子的成长。

不要局限于输赢，引导孩子的好胜心

在我们的生活中，竞争无处不在。从学校的考试排名，到职场的晋升比拼，再到生活中的各种挑战，我们总是在不断地与他人比较，试图证明自己的价值。然而，这种对输赢的过度追求，往往会让我们忽略了更重要的东西——成长。生活不仅仅是一场输赢的游戏，更是一次自我提升和成长的过程。对于孩子来说，这个道理同样适用。

根据一项研究，过度强调竞争和胜利可能会导致孩子们出现焦虑、抑郁等问题。相反，如果我们能够鼓励孩子们关注自己的进步和成长，而不是只关注结果，那么他们就会更有动力去尝试新的事物并且更加自信。

我们要让孩子明白，输赢并不是衡量一切的标准。在比赛中，我们可能会因为输掉一场比赛而感到沮丧，但这并不意味着我们就是失败者。相反，失败往往是成功的垫脚石，是我们成长的阶梯。只有经历过失败，我们才能更好地理解成功的价值，才能更加珍惜

每一次的胜利。因此，我们应该鼓励孩子在失败中寻找教训，而不是沉浸在失败的痛苦中无法自拔。

好胜心是一把双刃剑，既可以激发我们的潜力，也可能让我们陷入无尽的痛苦。因此，我们需要引导孩子正确看待好胜心，让他们明白，好胜心并不只是追求胜利，更是一种积极向上的生活态度。引导孩子正确面对好胜心，需要家长和教育者的共同努力。只有在正确的引导下，孩子们才能在竞争中不断成长，成为更好的自己。

那么，如何在不局限于输赢的前提下，引导孩子的好胜心呢？

1. 我们要引导孩子正确看待竞争

竞争并不是为了击败他人，而是为了激发自己的潜力，提升自己的能力。在竞争中，我们应该关注的是自己的进步，而不是他人的得失。只有这样，我们才能真正享受竞争带来的乐趣，才能真正实现自我提升。竞争不是为了赢，而是为了更好的自己。我们可以告诉他们，每个人都有自己的优点和不足，我们不能因为别人在某一方面比我们强就感到沮丧。相反，我们应该看到自己的进步，看到自己在不断努力的过程中变得更强。这样，孩子就能把竞争看作是一种激励，而不是压力。

2. 我们要培养孩子的团队精神

在现代社会，团队合作的能力越来越被重视。家长和教育者应该教育孩子学会与他人合作，培养他们的团队精神。让孩子明白，一个人的力量是有限的，只有团结协作，才能取得更大的成功。在团队中，每个人都有自己的优点和不足，我们需要互相学习，互相帮助，共同进步。在这个过程中，孩子的好胜心可以转化为团队的动力，推动团队向前发展。

3. 我们要教育孩子尊重他人

无论在竞争中还是在生活中，我们都应该尊重他人，尊重他人的努力和付出。只有这样，我们才能赢得他人的尊重，才能真正实现自我价值。

4. 我们要培养孩子的自信心

自信是成功的关键。家长和教育者应该关注孩子的兴趣爱好，鼓励他们在擅长的领域发挥优势，从而建立起自信心。我们可以告诉他们，每个人都有自己的特长，只要他们愿意去发掘，就一定能找到自己的优势。同时，我们也要让他们知道，只有自信的人，才能在竞争中保持冷静，才能在困难面前坚持下去。当孩子对自己充满信心时，他们会更愿意面对挑战，而不是过分担忧失败。

5. 我们要学会适度放手

过度保护和溺爱会让孩子变得依赖性强，缺乏独立解决问题的能力。家长和教育者应该学会适度放手，让孩子在面对挑战时学会独立思考，自主解决问题。这样，孩子在面对竞争时，才能更加从容应对。

6. 我们要关注孩子的心理健康

过度的好胜心可能会导致孩子产生焦虑、抑郁等心理问题。家长和教育者应该关注孩子的心理健康，及时发现问题并给予帮助。当孩子遇到挫折时，要教会他们正确面对，鼓励他们勇敢地站起来，继续前进。

寓学于乐，让孩子边玩边学

家长们都希望自己的孩子能够在学习上取得优异的成绩。然而，传统的教育方式往往让孩子在学习过程中感到枯燥乏味，甚至产生厌学情绪。那么，有没有一种方法既能让孩子在快乐中成长，又能让他们在学习上取得好成绩呢？答案是肯定的，那就是寓学于乐。

寓学于乐，顾名思义，就是将学习和娱乐相结合，让孩子在玩耍的过程中自然而然地学到知识。这种教育方式不仅能激发孩子的学习兴趣，还能培养他们的创造力、想象力和动手能力。

寓学于乐是一种非常有效的教育方式，它能让孩子们在快乐中成长，提高学习成绩。家长要学会放手，给孩子足够的自由和空间，让他们在玩耍中探索世界，发现知识，让孩子们在未来的学习和生活中更加自信、独立和有创造力。

我们要明确一个观念：玩耍和学习并不是互相矛盾的。事实上，玩耍是孩子们认识世界、发展智力的重要途径。通过玩耍，孩子们可以锻炼动手能力、观察能力和想象力，这些能力对于他们的学习和成长都是非常重要的。因此，家长们应该鼓励孩子们在玩耍中发挥自己的想象力和创造力，在快乐中成长。

寓学于乐是一种非常有效的教育方法，它能够帮助孩子在快乐中成长，提高学习成绩。家长要学会运用这种方法，让孩子在玩耍的过程中学到知识，培养出全面发展的能力。

为了让孩子们在玩的时候开心玩，学的时候认真学，家长们还可以采取以下几种方法：

1. 合理安排时间

家长们应该为孩子制定一个合理的时间表，确保他们有足够的时间来玩耍和学习。在安排时间时，要充分考虑到孩子的兴趣和需求，让他们在有限的时间内既能享受到玩耍的乐趣，又能保证学习的效果。家长可以为孩子创造一个良好的学习环境。在家中设置一个学习角，摆放一些有趣的书籍、玩具和教具，让孩子在自由探索的过程中学到知识。此外，家长还可以和孩子一起参加各种活动，如亲子阅读、科学实验等，让孩子在实践中学习。

2. 改变传统教育方式

我们要改变传统的教育方式，让孩子们从被动接受知识变为主动探索世界。我们可以通过游戏、实践活动等方式，让孩子们在玩耍中学习到知识。例如，通过拼图游戏，孩子们可以锻炼自己的观察能力、思维能力和空间观念；通过科学实验，孩子们可以亲身体验科学原理，培养他们的探究精神和创新能力。家长要树立正确的教育观念。寓学于乐并不意味着放任孩子玩耍，而是要在玩耍中引导孩子学会自主学习、独立思考。家长要相信孩子的能力，给予他们足够的信任和支持，让他们在快乐中成长。

3. 培养孩子的自律意识

家长们要教育孩子养成良好的生活习惯，让他们学会自律。只有具备了自律意识，孩子们才能在玩耍和学习之间找到平衡，做到既玩得开心，又学得认真。家长要注重培养孩子的自主学习能力，教会孩子如何制定学习计划、如何合理安排时间、如何有效利用资源等，让他们在学习过程中逐渐形成独立思考和解决问题的能力。

谨防不良情绪侵扰孩子

在我们的生活中,每个人都在承受着各种各样的压力,而这些压力往往会以不良情绪的形式表现出来。然而,我们通常忽视了一个事实,那就是这些不良情绪不仅会影响我们的身心健康,还会对我们的孩子产生深远的影响。那些看似无关紧要的情绪波动,却可能成为孩子们成长道路上的"隐形杀手"。作为家长和教育者,我们有责任关注孩子的情绪健康,谨防不良情绪骚扰孩子。

孩子们的心灵如同一张白纸,他们对世界的认知和理解都是通过与父母的互动和交流来实现的。因此,父母的情绪状态会直接影响到孩子的心理发展。如果父母经常表现出焦虑、愤怒、抑郁等不良情绪,孩子就会在无意识中模仿这些情绪,从而形成不健康的心理模式。

我们要认识到不良情绪对孩子的影响。长时间的焦虑、抑郁、愤怒等负面情绪,会导致孩子的心理健康问题,如自卑、孤僻、厌学等。

这些问题不仅会影响孩子的学习成绩,还会对他们的人际交往能力产生负面影响。因此,我们要时刻关注孩子的情绪变化,及时发现问题并采取措施解决。

不良情绪会破坏孩子的安全感。当父母经常表现出负面情绪时,孩子会感到害怕和不安,他们可能会怀疑自己做错了什么,或者是否失去了父母的爱。这种持续的不安全感会导致孩子的心理发展出现问题,他们可能会变得过于敏感和自卑。

不良情绪会影响孩子的社交能力。孩子们是通过观察和模仿父母来学习如何与人交往的。如果父母经常表现出愤怒和敌意,孩子就会认为这种行为是正常的,他们可能会学会用同样的方式对待他人。这会导致他们在与人交往时出现困难,甚至可能被他人排斥。

不良情绪会影响孩子的学习能力。研究表明,长期处于负面情绪状态的孩子,其学习能力和记忆力都会受到影响。这是因为负面情绪会干扰大脑的正常运作,使孩子无法集中精力进行学习。

不良情绪就像一把隐形的刀,悄无声息地伤害着我们的孩子。我们只有提高警惕,才能有效地预防这种情况的发生。作为家长和教育者,我们要时刻关注孩子的情绪健康,帮助他们远离不良情绪的困扰。家长要以身作则,树立良好的情绪管理榜样。当自己遇到不良情绪时,要做好正确处理,避免将负面情绪传递给孩子。

我们必须警惕不良情绪对孩子的无声侵袭。作为父母，我们应该学会控制自己的情绪，尽量给孩子创造一个和谐、温馨的家庭环境。同时，我们也应该教育孩子正确处理情绪，让他们知道每个人都有情绪波动，这是正常的，关键是要学会如何有效地管理自己的情绪。

那么，如何防范不良情绪侵扰孩子呢？以下几点建议或许能给我们一些启示：

营造和谐家庭氛围。家庭是孩子情绪的港湾，一个和谐的家庭氛围有助于孩子保持愉快的心情。家长要尽量避免在孩子面前争吵，给孩子树立良好的榜样。

寻求专业帮助。当发现孩子出现严重的心理问题时，要及时寻求专业心理医生的帮助，进行心理疏导和治疗。要引导他们积极面对，而不是逃避。教会孩子如何分析问题、寻求解决方案，培养他们的自信心和解决问题的能力。

关注孩子的朋友圈。了解孩子的朋友，引导他们结交正能量的朋友。避免孩子受到不良情绪的影响。告诉孩子，每个人都会有情绪波动，这是正常的。同时，让孩子知道家长会一直陪伴在他们身边，无论是面对问题，还是解决问题。

第 8 章

切忌溺爱,别扼杀孩子的生存能力

妈妈"懒"一点，孩子更勤快

在我们的生活中，有一种常见的现象：许多妈妈总是忙于照顾孩子的一切，从吃饭、穿衣到学习、玩耍，无一不大包大揽。然而，这种过度的关爱和保护，往往会让孩子变得依赖性强，缺乏独立自主的能力。

在我们的传统观念中，妈妈总是那个勤劳的身影，无论是家务琐事还是孩子的教育，她们都是无微不至地照顾。然而，有一种"懒妈妈"的教育方式正在悄然兴起，她们不再事无巨细地包办一切，而是选择适当地"偷懒"，让孩子在自由和独立中学会自律和勤奋。

这种"懒妈妈"的教育方式并不是放任孩子任意妄为，而是在给予孩子足够的自由空间的同时，引导他们学会自我管理和自我约束。这种方式看似"懒"，实则是一种更高级的育儿智慧。

妈妈"懒"一点，意味着给孩子更多的自主权。 当孩子遇到问题时，不要急于替他们解决，而是要引导他们自己思考，自己动手。这样，孩子在解决问题的过程中，不仅能够锻炼自己的思维能力，还能够培养自己的独立意识。当妈妈不再替孩子做所有的事情，孩子就有了更多的时间和空间去尝试新的事物，去探索未知的世界。这样的经历会让孩子更加独立，更有勇气面对生活中的挑战。而这种独立意识，将会伴随他们一生，让他们在未来的人生道路上更加从容。

妈妈"懒"一点，意味着给孩子更多的自由空间。每个孩子都有自己的兴趣爱好，作为家长，我们应该尊重孩子的选择，给他们足够的时间和空间去发展自己的兴趣。这样，孩子在追求自己喜欢的事物的过程中，不仅能够找到自己的价值所在，还能够培养自己的专注力和毅力。而这些品质，将成为他们未来成功的基石。

妈妈"懒"一点，意味着给孩子更多的责任感。当孩子犯错时，不要急于责怪他们，而是要让他们自己去承担错误的后果。这样，孩子在承担责任的过程中，不仅能够学会反省自己，还能够培养自己的责任心。当妈妈不再替孩子承担所有的责任，孩子就必须学会自己承担责任。同时，当妈妈不再替孩子安排所有的事情，孩子就必须学会自己规划和安排时间。这样的过程会让孩子更加懂得责任的重要性，也会让他们更加自律。而这种责任心，将会让他们在未来的人生道路上走得更加坚定。

妈妈"懒"一点，意味着给孩子更多的关爱。作为家长，我们应该关注孩子的内心世界，了解他们的需求和困惑。当孩子遇到困难时，我们要给予他们鼓励和支持，让他们感受到家庭的温暖。这样，

孩子在成长过程中,不仅能够建立自信,还能够学会关爱他人。

只有妈妈学会放手,孩子才能更勤快。这是因为,只有当孩子有了独立自主的能力,有了解决问题的能力,有了选择和尝试的勇气,他们才能真正地变得勤快。妈妈"懒"一点,并不意味着对孩子的不负责任,而是以一种更加智慧的方式去引导孩子学习和成长。只有这样,我们的孩子才能够在轻松愉快的氛围中茁壮成长,成为一个有独立思考能力、有责任感、有爱心的人。

妈妈要学会放手,让孩子自己做事。在生活中,许多妈妈总是担心孩子做不好,所以总是亲自动手。然而,这样做只会让孩子变得依赖性强,缺乏独立自主的能力。因此,妈妈应该适当地放手,让孩子自己做事。例如，让孩子自己做饭、洗衣服、打扫房间等。这样，孩子不仅可以锻炼自己的能力，还可以培养自己的责任感。

妈妈要学会放手，让孩子自己解决问题。孩子在学习和生活中总会遇到一些问题。这时，妈妈不应该立即出手帮助，而应该让孩子自己解决。这样，孩子可以锻炼自己的思考能力和解决问题的能力。同时，也可以增强孩子的自信心。

妈妈要学会放手，让孩子自己选择。在孩子的生活中，有许多事情需要做出选择。这时，妈妈不应该替孩子做决定，而应该让孩子自己选择。例如，让孩子自己选择衣服、玩具、书籍等。这样，孩子可以锻炼自己的判断能力和决策能力。

妈妈要学会放手，让孩子自己去尝试。在学习和生活中，有许多新的事物和技能需要孩子去尝试和学习。这时，妈妈不应该阻止孩子去尝试，而应该鼓励和支持孩子去尝试。这样，孩子可以锻炼自己的探索精神和创新能力。

这里也有一些引导孩子做家务的小秘诀和各位家长分享：

1. 以游戏的形式引导孩子参与家务

孩子们天生喜欢玩耍，家长可以利用这一点，将家务劳动变成有趣的游戏。例如，将洗碗、拖地等任务分成若干小步骤，让孩子一步步完成，每完成一个步骤就给予表扬和鼓励。这样既能让孩子感受到成就感，又能让他们在游戏中学会承担家务责任。

2. 让孩子参与家庭决策

家长可以让孩子参与家庭决策，让他们了解家务劳动的重要性。例如，在购买家电、家具时，可以让孩子参与讨论，了解各种产品的特点和用途。这样既能培养孩子的思考能力，又能让他们意识到家务劳动对家庭生活的重要性。

3. 设定合理的家务任务

家长在分配家务任务时，要考虑到孩子的年龄、体力和兴趣。不要给孩子过多的家务任务，以免让他们感到压力过大。同时，要根据孩子的兴趣和特长来分配任务，让他们在做家务的过程中找到乐趣。

4. 适时表扬和奖励

当孩子完成家务任务时，家长要及时给予表扬和鼓励，让他们感觉自己的努力得到了认可。同时，家长还可以设立一些奖励机制，如完成一定数量的家务任务后，可以获得一定的零花钱或者玩具等。这样既能激发孩子的积极性，又能让他们在完成任务的过程中获得成就感。

这种"懒妈妈"的教育方式，虽然看起来有些"懒"，但实际上是一种更高级的育儿智慧。它让孩子在自由和独立中学会自律和勤奋，也让他们更加懂得责任和感恩。所以，让我们的妈妈们"懒"一点吧，让孩子们在这个过程中成长和进步。

让孩子自己做好规划

让孩子自己规划人生,像画家描绘出五彩斑斓的画卷。

让孩子自己选择道路,像舞者跳出优美的舞蹈。

不要束缚他们的翅膀,让他们自由地飞翔。

不要剥夺他们的梦想,让他们去勇敢地追求。

让孩子学会独立思考,像智者探索未知的世界。

让孩子学会承担责任,像勇士一样守护自己的梦想。

让孩子在挫折中成长,像树木在风雨中屹立。

让孩子在困境中坚持,像河流冲破重重阻碍。

让孩子拥有坚定的信念，像太阳照亮黑暗的夜空。

让他们在岁月的长河中，找到属于自己的人生方向。

在这个竞争激烈的时代，孩子们面临着各种各样的挑战。为了让他们在未来的人生道路上取得成功，我们需要从小培养他们的自主性和规划能力。

让孩子自己做好规划是一个长期的过程，需要我们的耐心和支持。让孩子自己做规划，不仅能够培养他们的自主性、责任感、团队协作能力和创新能力，还能够帮助他们更好地应对未来的挑战，成为未来的创造者。因此，我们应该从小培养孩子的规划能力，让他们在成长的道路上不断进步。

让孩子自己做规划，不仅能够帮助他们更好地应对未来的挑战，还能够培养他们养成良好的习惯。让孩子做好规划有哪些益处呢？

让孩子自己做好规划有助于培养他们的自主性。在孩子成长的过程中，家长和老师往往会为他们安排各种活动和学习任务。然而，过度的安排可能会让孩子变得依赖性强，缺乏独立思考和解决问题的能力。通过让孩子自己制定计划，我们可以逐渐培养他们的自主性，让他们学会独立思考，为自己的人生负责。

让孩子自己做好规划有助于培养他们的责任感。当孩子们为自己的计划负责时，他们会意识到每一个决策都会对自己的人生产生影响。这种意识会让他们更加珍惜时间，更加努力地去实现自己的目标。同时，当他们遇到困难时，他们也会更加积极地寻求解决办法，而不是抱怨和逃避。

让孩子自己做好规划还有助于培养他们的团队协作能力。在制定计划的过程中，孩子们需要与家人、朋友和同学进行沟通和协作。这种沟通和协作的过程会让他们学会倾听他人的意见，尊重他人的观点，从而培养他们的团队协作能力。这种能力对于他们未来在工作和生活中取得成功至关重要。

让孩子自己做好规划有助于培养他们的创新能力。在制定计划的过程中，孩子们需要不断地尝试新的方法，寻找更好的解决方案。这种尝试和探索的过程会激发他们的创新精神，让他们敢于挑战传统，勇于追求卓越。这种创新能力是他们未来成为领导者的重要品质。

那么，如何让孩子做好规划呢？以下几点建议或许能给您带来一些启示。

1. 培养孩子的自主意识

首先，我们要培养孩子的自主意识。让孩子明白，人生的道路是自己选择的，而不是别人替他们决定的。我们要尊重孩子的兴趣和意愿，鼓励他们勇敢地追求自己的梦想。同时，我们也要教育孩子，每一个选择都有其后果，要学会为自己的选择负责。家长可以从日常生活中的小事开始，让孩子自己安排作业、玩耍和休息时间。在孩子完成任务的过程中，家长可以适当地给予指导和建议，但要避免过度干预，让孩子在实践中逐渐形成自己的规划能力。

2. 帮助孩子了解自己

了解自己的孩子是引导他们做好规划的基础。我们要关注孩子的兴趣爱好、性格特点、优点和不足，以便为他们提供更有针对性的建议。此外，我们还要教育孩子认识自己的优点和不足，让他们明白自己的价值所在，从而更好地规划自己的人生。

3. 设定目标和计划

有了明确的目标，孩子才能有方向感。目标是规划的基础。家长可以和孩子一起制定短期和长期的目标，如提高学习成绩、掌握一项新技能等。目标要具体、明确，最好能够量化，这样孩子才能更好地制定计划并付诸实践。我们要引导孩子根据自己的兴趣和特长设定短期和长期的目标，并制定实现目标的计划。在制定计划时，要注重实际可行性，避免给孩子过大的压力。同时，我们还要教育孩子学会调整计划，以应对不断变化的环境。

4. 培养孩子的执行力

有了目标和计划，关键是要付诸实践。我们要教育孩子养成良好的学习和生活习惯，培养他们的自律和毅力。在孩子遇到困难时，我们要给予鼓励和支持，帮助他们克服困难，坚持到底。家长可以教孩子一些简单的规划方法，如使用日程表、待办事项清单等工具来管理时间和任务。此外，家长还可以引导孩子学会分阶段、分步骤地进行规划，以便更好地实现目标。

规划再好，没有执行力也是枉然。家长要关注孩子的执行力，鼓励他们在遇到困难时不放弃，坚持到底。同时，家长也要以身作则，用自己的行动来影响和激励孩子。

5. 培养孩子的团队协作能力

在现代社会，团队协作能力越来越重要。我们要教育孩子学会与他人合作，懂得分享和倾听，培养他们的沟通能力和领导能力。通过参加各种活动，孩子在实践中锻炼自己的团队协作能力。规划是一个不断调整和完善的过程。家长要引导孩子养成定期总结和反思的习惯，及时发现问题并进行调整。这样，孩子在实践中不断成长，规划能力也会得到提高。

鼓励孩子直面人生挫折

面对挫折,不要畏惧,不要退缩,因为那是成长的必经之路。
跌倒了,就爬起来,拍拍灰尘,笑对风雨,勇敢地向前走。
那些曾经的痛苦和泪水,将成为你们前行的动力。

孩子们,你们要相信,生命中的每一个挑战,都是一次历练。
那些曲折的道路,那些无尽的黑暗,都将铸就你们坚强的心灵。

你们要勇敢地去追求梦想,不畏艰难,不怕困苦,不惧失败。
让那些挫折成为你们的翅膀,助你们飞得更高,更远。

孩子们,你们要珍惜每一次尝试,每一次努力,都是一次成长。

不要让挫折抹去你们的笑容,要让它们成为你们前进的动力。

在人生的道路上,每个人都会遇到各种各样的挫折。对于孩子们来说,这些挫折可能来自学业、友谊、家庭等方面。面对挫折,有些孩子会选择逃避,而有些孩子则能够勇敢地迎难而上。

但是现在许多家长往往忽视了挫折对于孩子的意义,甚至试图为孩子营造一个没有挫折的成长环境。事实上,挫折对于孩子的成长具有重要的意义,它能够帮助孩子建立自信心、培养独立思考和解决问题的能力。

挫折是成长的催化剂。作为家长和教育者,我们应该引导孩子正视挫折,从中汲取成长的动力。挫折教育对孩子的成长非常重要。家长要学会正确对待孩子的挫折,通过自己的言传身教,培养孩子的独立性、抗压能力和自信心。只有这样,孩子才能在失败中不断成长,迎接人生的挑战。

当面对挫折时,孩子需要克服困难,战胜自己的恐惧。在这个过程中,孩子会逐渐认识到自己的潜能和能力,从而建立起自信心。而自信心对于孩子的成长和发展是非常重要的,它能够帮助孩子更好地面对生活中的挑战和困难。

在面对挫折时,孩子需要自己去分析问题,寻找解决办法。这种独立思考的过程，有助于培养孩子的逻辑思维能力和判断力。而这些能力对于孩子未来的生活和工作都是非常有帮助的。

在面对挫折时，孩子需要学会如何应对和解决问题。这种解决问题的能力，对于孩子未来的成长和发展也是非常有益的。因为在未来的生活和工作中，我们总会遇到各种各样的问题，只有具备解决问题的能力，我们才能够顺利地渡过难关。

在面对挫折时，孩子需要承受一定的压力。而这种压力，有助于锻炼孩子的心理素质，提高他们的抗压能力。在面对挫折时，孩子需要与他人合作，共同解决问题。这种团队合作的过程，有助于培养孩子的沟通能力和团队精神。

我们要让孩子明白，挫折是人生的常态。在我们的生活中，没有人能够一帆风顺，每个人都会遇到一些困难和挫折。当孩子遇到挫折时，我们应该告诉他们："失败并不可怕，可怕的是你不敢再尝试。"让孩子从小学会接受挫折，理解挫折是成长过程中不可避免的一部分。正如著名作家海明威所说："人生的意义在于不断地挑战自己，战胜自己的弱点。"因此，我们要教育孩子不要害怕挫折，要勇敢地去面对它。

我们要教会孩子正确看待挫折。当孩子遇到挫折时，他们往往会感到沮丧和失落。这时，我们应该引导他们从不同的角度去看待问题，帮助他们找到解决问题的方法。例如，当孩子在学习上遇到困难时，我们可以鼓励他们："你已经取得了很大的进步，只要再努力一下，就一定能够克服这个困难。"让孩子明白，挫折并不是终点，而是通往成功的垫脚石。有时候,孩子们会把挫折看作是一种失败,认为自己不够优秀。然而,这种看法是错误的。挫折并不等于失败,它只是我们在成长过程中遇到的一个障碍。正如美国心理学家阿尔弗雷德·阿德勒所说:"一个人的成长过程,就是一个不断克服困难、战胜挫折的过程。"因此,我们要教育孩子,把挫折看作是一种成长的机会,通过克服挫折,我们可以变得更加坚强和成熟。

我们要培养孩子的抗挫能力。在孩子成长的过程中,我们应该适当地给他们设置一些挑战,让他们在面对困难时学会坚持和努力。同时,我们还应该教会孩子如何调整心态,保持乐观和积极的心态。当孩子遇到挫折时,我们可以告诉他们:"这只是暂时的困难,只要你相信自己,你就一定能够渡过这个难关。"面对挫折,有些孩子可能会感到无助和沮丧。这时,家长和教育者要给予孩子关爱和支持,帮助他们建立自信心。同时,我们还要教育孩子学会自我调节,调整心态,以积极的心态去面对挫折。此外,我们还要教育孩子学会寻求帮助。当遇到困难时,不要把问题都憋在心里,要学会向家长、老师和朋友倾诉,寻求他们的帮助和建议。

我们要关注孩子的心理需求。当孩子遇到挫折时,他们可能会感到孤独和无助。这时,我们应该给予他们关爱和支持,让他们感受到家庭的温暖。同时,我们还应该鼓励孩子与同龄人交流,分享自己的经历和感受,从而增强他们的自信心和抗挫折能力。

培养孩子的独立精神

在这个世界的角落,有一颗小小的种子,

在阳光雨露的滋润下,它渴望独立,渴望成长。

培养孩子的独立精神,让他们勇敢地面对世界,

学会自己思考,自己选择,在风雨中坚定前行。

孩子,你要相信自己,你有无尽的潜能和力量,

在困难面前不屈不挠,在挫折中磨炼意志。

独立精神如同砥柱,支撑你走向未来的道路,

让你在人生的舞台上,绽放出属于自己的光彩。

孩子，你要珍惜时光，让每一天都充满意义，

用你的双手去创造，一个属于你的奇迹。

"教育的最终目标应该是培养一个独立的个体。"这意味着我们需要教育我们的孩子，让他们具备自主思考、解决问题和承担责任的能力。

但是许多家长在教育孩子时，却往往忽视了培养孩子的独立精神。他们溺爱孩子，为孩子包办一切，导致孩子缺乏自主能力，无法适应社会的发展。

我们要给孩子提供足够的自由空间。过度的保护和溺爱会让孩子变得依赖，失去独立思考和行动的能力。我们应该让孩子有机会自己做事，自己解决问题。这样，孩子才能在实践中，学会独立思考，学会独立行动。我们要教育孩子承担责任。独立精神不仅仅是自己做事，更是对自己的行为负责。我们应该教育孩子，他们的行为会有后果，他们需要为自己的行为负责。这样，孩子才能在承担责任的过程中，培养出独立思考和独立行动的能力。

我们要树立正确的教育观念。家庭教育是孩子成长的第一课堂，家长的言传身教对孩子的影响至关重要。因此，家长要摒弃溺爱的心态，让孩子在适当的挫折中学会独立思考和解决问题。同时，家

长要尊重孩子的个性,鼓励孩子勇于尝试新事物,培养孩子的创新精神和实践能力。

独立精神是一种内在的力量,它让我们能够自主地思考、决策和行动。它让我们能够在面对困难时,不依赖他人,而是依靠自己的力量去解决问题。独立精神是我们成长的基石,是我们实现自我价值的关键。

独立是一种能力,它让我们能够在面对困难和挑战时,勇敢地站起来,寻求解决方案。学会独立有助于培养孩子的自信心。当孩子能够独立完成一些事情时,他们会感到自己的价值得到了体现,从而大大增强自信心。而自信心对于孩子的成长和发展是非常重要的,它能够帮助孩子更好地面对生活中的挑战和困难。

学会独立有助于培养孩子的责任感。 当孩子开始独立承担一些任务时，他们会意识到自己的行为会对他人产生影响，从而学会为自己的行为负责。这种责任感的培养对于孩子未来的成长和发展也是非常有益的。

学会独立有助于培养孩子的解决问题的能力。 在独立完成任务的过程中，孩子会遇到各种各样的问题，这时他们需要学会自己寻找解决办法。这种解决问题的能力对于孩子未来的生活和工作都是非常有帮助的。

学会独立还有助于培养孩子的创造力。 当孩子能够独立思考和行动时，他们会有更多的机会去尝试新的事物，发挥自己的想象力和创造力。这对于孩子未来的成长和发展也是非常有益的。

学会独立还有助于培养孩子的人际交往能力。 在独立完成任务的过程中，孩子需要与不同的人进行沟通和合作，这有助于他们学会如何与他人相处，建立良好的人际关系。

孩子是我们的镜子，他们会模仿我们的行为。如果我们自己都缺乏独立精神，那么我们的孩子也很难培养出这种能力。因此，我们应该以身作则，展示我们的独立精神，让孩子看到我们的榜样。

培养孩子的独立精神是一项重要的任务。我们要让孩子明白，独立并不意味着孤独、不负责任或盲从。相反，独立是一种能力，它让我们能够在面对困难和挑战时，勇敢地站起来，寻求解决方案；

它让我们学会承担责任；它让我们学会自主思考，勇敢地做出自己的选择。

家长要教育孩子正确面对压力，培养孩子的抗挫折能力，使孩子在面对困难时能够保持乐观的心态。

培养孩子的独立精神是一项长期的任务，需要我们付出耐心和智慧。

如何让孩子在成长过程中学会独立呢？以下将为您提供一些实用的建议。

1. 培养孩子的自信心

自信是独立的基础。家长应该鼓励孩子尝试新事物，不要因为害怕失败而放弃。当孩子遇到困难时，家长要给予支持和鼓励，让他们相信自己有能力解决问题。同时，家长也要教育孩子正确看待失败，让他们明白失败是成功的垫脚石，只有不断尝试，才能取得成功。

2. 培养孩子的责任感

让孩子承担一定的家务劳动，可以培养他们的责任感。家长可以根据孩子的年龄和能力，分配适当的家务任务，如整理房间、洗碗、扫地等。让孩子明白，每个人都有自己的责任，要学会为自己的行为负责。

3. 培养孩子的决策能力

家长应该让孩子参与家庭决策，让他们学会独立思考和解决问题。例如，在购买玩具、选择课外活动等方面，家长可以征求孩子的意见，让他们根据自己的兴趣和需求做出选择。这样既能培养孩子的决策能力，又能让他们感受到自己的重要性。

4. 培养孩子的社交能力

社交能力是独立生活的重要组成部分。家长应该鼓励孩子参加各种社交活动，如聚会、游戏、运动等，让他们学会与不同性格的人相处，提高沟通能力。同时，家长也要教孩子如何处理人际关系中的矛盾和冲突，让他们学会独立处理问题。

5. 培养孩子的自我管理能力

自我管理能力是独立生活的关键。家长应该让孩子学会合理安排时间，养成良好的生活习惯，如按时起床、按时就寝、合理安排学习和娱乐时间等。我们要关注孩子的心理健康，并以此为基础培养其独立精神。家长要关注孩子的情感需求，及时与孩子沟通，了解孩子的内心世界。

让孩子在成长过程中学会独立，需要家长的耐心引导和培养。只有这样，孩子才能在未来的生活中勇敢地面对挑战，独立地解决问题，成为一个有担当、有能力的人。

对孩子的不合理要求说"不"

孩子们也有他们的困扰和迷茫,

孩子的要求,有时候会让我们感到困惑和无奈。

孩子会要求我们买那些昂贵的玩具,

孩子会要求我们陪他们玩那些无聊的游戏。

我们会为了满足孩子的需求而疲于奔命,

我们会为了孩子的快乐而忘记了自己的疲惫。

所以,当孩子的要求变得不合理,

我们需要学会对他们说"不"。

这并不是一种惩罚,而是一种教育,

我们希望他们能够从中学会成长和独立。

对孩子的不合理要求说"不"，需要父母的耐心、智慧和决心。只有这样，我们才能培养出有责任感、有自制力、有尊重他人的孩子，让他们在未来的生活中能够独立、自信、健康地成长。

面对孩子的不合理要求，家长首先要做的是保持冷静和理智。不要因为孩子的哭闹、撒娇而心软，这样只会让孩子认为只要他们坚持，就能得到想要的东西。因此，家长要学会控制自己的情绪，以平和的心态去面对孩子的不合理要求。

我有一个朋友，他的孩子总是要求买最新的电子游戏。每次朋友都说"不"，孩子就会大发脾气，甚至拒绝吃饭或做作业。然而，朋友并没有屈服于孩子的威胁。相反，他坐下来和孩子进行了深入的对话，解释了为什么不能总是满足他的所有要求。他告诉孩子，生活中的许多东西并不是那么容易得到的，我们需要努力工作，才能得到我们想要的东西。这个过程并不容易，但是结果却是值得的。最终，孩子理解并接受了这个观点。

这个事例告诉我们，对孩子的不合理要求说"不"并不是一件容易的事，但是我们必须这么做。因为这是我们教会他们如何面对生活挑战的机会。我们不能让他们认为只要他们想要什么，就可以得到什么。我们需要让他们明白，有些事情只有付出努力和时间，才能实现。

我知道，这可能会让你感到害怕，你可能会担心孩子的反应。但是，请记住，我们的目标是帮助他们成为有责任感、有同理心的人。我们需要让他们明白，世界并不是围绕着他们转的。他们的要求并不总是会被满足。这是一个痛苦的事实，但是这是他们必须学会的生活课程。

家长应告诉孩子为什么这个要求是不合理的，让他们理解家长的苦衷。同时，家长也要倾听孩子的想法，了解他们为什么会有这样的要求，这样才能更好地引导他们。

家长要为孩子建立一些规则和底线，让他们明白什么是可以接受的，什么是不能接受的。这样，在面对孩子的不合理要求时，家长就可以有依据地进行拒绝，而不会让孩子觉得家长不理解自己。

一般来说，如果孩子的要求超出了他们年龄应有的行为范围，或者对他们的身心健康有害，或者过于奢侈浪费，那么这些都可以被认为是不合理的要求。例如，一个五岁的孩子要求买一辆豪华跑车，或者一个正在长身体的孩子要求每天吃一公斤的巧克力，这些都是不合理的要求。

我们要教育孩子理解并接受"不"。这并不意味着我们要对孩子进行严厉的批评或者惩罚，而是要通过耐心的解释和引导，让他们明白为什么他们的要求不能被满足。例如，我们可以告诉他们："我知道你很喜欢那辆跑车，但是你现在的年龄还不适合驾驶，而且我们家现在还没有这个经济能力。"或者"我知道你喜欢吃巧克力，但是吃太多对身体不好，我们可以适量地吃一些。"

我们要以身作则，做出正确的示范。如果父母自己都不能坚持原则，不能对自己的不合理要求说"不"，那么孩子又怎么会学会呢？因此，父母在面对自己的不合理要求时，也要坚决地说"不"。

那么，如何对孩子的不合理要求说"不"呢？以下是一些建议：

坚定立场。家长要坚定自己的立场，不要被周围环境所影响。当面对他人的质疑和不理解时，要相信自己的判断，勇敢地拒绝不合理的要求。在孩子提出不合理要求时，我们需要坚持自己的原则，不要因为孩子的哭闹或者撒娇而妥协。这样，孩子才能明白，他们的要求并不能左右我们的决定。

沟通理解。与孩子进行充分的沟通，了解他们的想法和需求。让孩子明白家长的拒绝是出于对他们的关爱和保护，而不是对他们的否定。在面对孩子的不合理要求时，我们需要保持冷静，不要因为情绪的波动而做出过激的反应。这样，我们才能更好地处理这个问题，也能给孩子树立一个良好的榜样。

提供替代方案。在拒绝孩子的不合理要求时，我们可以为孩子提供一些替代方案，让他们知道还有其他的选择。这样，孩子就不会因为无法得到自己想要的东西而感到沮丧。要帮助孩子找到更适合自己的发展道路。例如，如果孩子不喜欢钢琴，可以尝试让他们学习其他乐器或者参加体育活动。

培养自主意识。教育孩子学会独立思考，培养他们的自主意识。让孩子明白，他们有权利拒绝不合理的要求，也有能力为自己的选择负责。我们需要让孩子明白，所有的事情都需要时间，不能急于求成。通过这种方式，我们可以培养孩子的耐心和毅力，让他们学会等待和努力。

关注成长过程。家长要关注孩子的成长过程，而不仅仅是结果。尊重孩子的个性和兴趣，给予他们足够的时间和空间去探索和发现自己的潜能。

第 9 章

内卷时代，孩子身心健康最重要

高压会逼迫孩子逃离

在钢铁的森林里,孩子们寻找出口,

高压的环境下,他们的心灵被囚禁。

他们的眼神中,充满了无助和恐惧,

他们的笑容中,隐藏着无尽的痛苦。

他们是未来的种子,却在压力下弯曲,

他们是希望的烛火,却在压迫中熄灭。

高压会逼迫孩子逃离,逃离他们认为的束缚,

他们会用他们的勇气,去挑战这个世界,

他们会用他们的梦想,去照亮这个黑暗。

他们会用他们的智慧,去改变这个世界,

他们会用他们的力量,去创造一个更美好的未来。

如今，家长们对孩子的期望值越来越高，他们希望孩子能够在学业、才艺、品行等各方面都表现出色。然而，这种高压的教育方式却让许多孩子感到无法承受，甚至选择逃离。

逃离，是孩子们对高压教育的一种无声的抗议。他们通过逃课、旷课，甚至离家出走等方式，来表达他们对高压教育的不满和反抗。然而，这种方式并不能真正解决问题，反而可能会让他们走上错误的道路。

作为家长和教育者，我们应该反思我们的教育方式。高压教育并不能培养出真正的优秀人才，反而会让孩子失去自我，失去对生活的热爱。

高压教育，就像一把无形的剑，悬在每一个孩子的头顶。家长们的期待和压力，让孩子们在成长的道路上背负着沉重的负担。他们不仅要面对繁重的学业，还要参加各种兴趣班和补习班，以期在各个方面都能有所突破。然而，这种过度的压力，却让孩子们失去了童年的快乐，甚至影响了孩子的身心健康。

高压教育下的孩子的世界充满了焦虑和恐惧。他们害怕失败，害怕让父母失望，害怕自己不能达到父母的期望。这种恐惧和焦虑，让他们在学习上越来越没有自信，甚至产生了逃避的心理。

长期处于高压环境下的孩子，会感到巨大的压力，这种压力可能会导致他们产生焦虑、抑郁等心理问题。此外，高压教育还可能导致孩子的自尊心受损，他们可能会因为无法达到家长的期望而感到自卑，这对他们的心理健康是非常不利的。

高压教育会对孩子的身体造成伤害。长期的压力会导致孩子的免疫力下降，导致其容易生病。此外，高压教育还可能导致孩子的饮食不规律，影响他们的身体健康。

高压会逼迫孩子逃离，这是一种悲哀的现象。我们应该从现在开始，改变我们的教育方式，让孩子们在快乐和自由中成长为有独立思考能力、有创新精神的人。

那么，作为家长，我们应该如何避免这种问题呢？

尊重孩子的个性和兴趣。家长应该关注孩子的兴趣和特长，给予他们足够的自由空间去发掘自己的潜能。同时，家长也应该尊重孩子的选择，不要强迫他们去做自己不喜欢的事情。然而，在现实生活中，很多家长却过于关注孩子的学习成绩，忽视了他们的兴趣和特长。这种过度的关注和期望，往往会让孩子感到巨大的压力，从而产生逃避心理。

关注孩子的心理健康。家长应该关注孩子的心理健康，及时发现和解决问题。当孩子出现心理问题时，家长应该及时寻求专业帮助，帮助孩子渡过难关。长时间的学习和竞争压力，会让孩子们产生焦虑、抑郁等心理问题。这些问题不仅会影响孩子的身心健康，还会让他们对学习产生厌恶情绪，甚至选择逃离。因此，家长应该关注孩子的心理健康，及时发现和解决问题。

与孩子进行有效沟通。家长应该学会与孩子进行有效沟通，了解他们的想法和需求。这样，家长才能更好地帮助孩子解决问题，减轻他们的压力。当孩子承受不住压力时，他们可能会对家长产生抵触情绪，导致家庭关系紧张。这种情况下，家长应该学会调整自己的心态，与孩子进行有效沟通，帮助他们释放压力。

用爱引导孩子。我们应该以爱去引导孩子的成长。爱是最有效的教育方式，只有让孩子感受到我们的爱，他们才会愿意接受我们的教育和引导。我们应该用理解和接纳的态度去对待孩子的错误和失败，让他们知道，失败并不可怕，重要的是从失败中学习和成长。

以平常心对待升学问题

在尘世的喧嚣中,我们追逐着升学的梦想。
然而,让我们以平常心对待,不让焦虑和压力侵蚀我们的心房。

人生的道路有千万条,升学只是其中的一站。
不要让失败的恐惧,阻挡孩子前进的脚步。

学会在平凡中发现美,在琐碎中品味生活的甘甜。
让孩子在宁静中成长,在淡泊中领悟人生的真谛。

当我们以平常心对待升学,我们将拥有无尽的力量。
在这漫长的旅程中,孩子将收获成长的喜悦。

在我们的人生旅程中，升学无疑是一个重要的里程碑。它不仅标志着我们从学生时代步入了新的人生阶段，更是我们实现梦想、追求理想的起点。然而，升学的道路并非一帆风顺，它充满了挑战与机遇。

面对升学的压力，有人选择焦虑不安，有人选择逃避现实，然而，真正的智者却会选择以平常心对待这个问题。要告诉孩子，只要我们保持平常心，坚持不懈，总会找到属于自己的成功之路。记住，失败只是成功的暂时停留，只要我们不放弃，就一定能够实现自己的梦想。

升学的过程可能会遇到各种困难和挫折，但是我们不能因此而灰心丧气。我们要相信，只要我们有坚定的信念，明确的目标，充分的准备，保持积极的心态，善于抓住机遇，就一定能够在这条道路上走得更远。

升学的路上，我们可能会感到压力重重，但是，我们不能忘记享受生活的乐趣。我们应该珍惜与家人和朋友的相处时光，享受学习的过程，感受生活的美好。只有这样，我们才能在升学的道路上保持平常心，从容面对各种挑战。

我们要明白，升学只是人生道路上的一个阶段，而不是终点。 无论升入哪所学校，都不应该成为我们衡量一个人价值的唯一标准。每个人都有自己的优点和特长，只要找到适合自己的发展道路，就可以走出一条属于自己的精彩人生路。升学不仅仅是为了获得更高的学历，更重要的是为了提升自己的能力和素质，为未来的职业生涯做好准备。因此，我们在选择学校和专业时，不仅要看学校的名气和专业的热门程度，更要看这个学校和专业是否能够帮助我们实现自己的职业目标。

我们要理解，升学并不是唯一的出路。升学的过程是一个充满竞争的过程，只有有足够的实力才能在竞争中脱颖而出。我们要督促孩子提前做好学习计划，努力提升自己的专业知识、技能以及自己的综合素质，如沟通能力、团队协作能力等。但是，也可有更多的其他选择，只要有决心，有毅力，就一定可以找到属于自己的道路。

我们要认识到，升学压力过大可能会对学生的身心健康造成影响。过度的焦虑和压力可能会导致学生出现心理问题，甚至影响到他们的身体健康。因此，我们应该以平常心去对待升学问题，让学生在轻松愉快的环境中健康成长。在人生的旅程中，我们会经历许多的起起落落，每一次的成功或失败都是我们成长的契机。

我们要教育孩子，升学只是人生的一个过程，而不是结果。真正的成功不在于你升入哪所学校，而在于你是否找到了自己的兴趣和激情，是否实现了自己的价值。只有找到了自己的方向，才能走出一条属于自己的人生道路。

升学只是我们人生旅程中的一次选择，它并不能决定我们的未来。因此，我们无须过于焦虑，只需以平常心对待，做好自己该做的事。

每个人都有自己的节奏和路线。在升学的道路上，我们不能盲目跟随别人的步伐，而应该找到适合自己的节奏和路线。有的人可能早早就找到了自己的方向，有的人可能需要更多的时间去探索。无论哪种情况，我们都应以平常心对待，因为每个人的人生都是独一无二的。

让孩子以平常心对待升学问题，不仅可以减轻他们的压力，也可以帮助他们更好地找到自己的发展方向。

那么，作为家长，如何才能保持平常心呢？

家长要学会调整心态。要明白，孩子的成长是一个漫长的过程，不可能一蹴而就。家长们要学会放慢脚步，给孩子足够的时间和空间去成长。不要过分追求孩子的成绩和表现，而是要关注他们的身心健康和全面发展。只有这样，家长们才能从内心深处感受到孩子的快乐和成长。

家长要学会倾听和沟通。与孩子保持良好的沟通，是建立亲子关系的基础。家长们要学会倾听孩子的心声，了解他们的需求和困惑。同时，也要让孩子学会表达自己的想法和感受。通过有效的沟通，家长们可以更好地理解孩子，从而做出更合适的教育和引导。

家长要学会自我调适。在面对孩子的问题时，家长们要学会保持冷静，不要被情绪所左右。可以尝试进行一些放松身心的活动，如瑜伽、冥想、散步等，帮助自己恢复平静。此外，家长们还可以寻求亲朋好友的支持和帮助，共同面对育儿过程中的困扰和挑战。

家长要学会珍惜当下。每个孩子的成长阶段都是无比珍贵的，家长们要学会珍惜与孩子相处的每一刻。不要总是担心未来,而是要活在当下,享受陪伴孩子成长的过程。只有这样,家长们才能真正拥有一颗平常心,从容面对养娃路上的种种挑战。

别以一次成败论孩子

别以一次成败论孩子,他们的未来尚未写定。

在成长的道路上跌跌撞撞,是他们勇敢探索的证明。

别以一次成败论孩子,他们的心中燃烧着希望之火。

在挫折中学会坚韧不拔,是他们成长的必经之路。

别以一次成败论孩子,他们的眼中闪烁着梦想的光芒。

在追求中不断超越自己,是他们勇攀高峰的力量。

在生活中,我们常常会看到这样的情景:孩子们在学校的考试中取得了好成绩，家长们欢天喜地，给予孩子无尽的赞美和奖励；而当孩子们考试成绩不理想时，家长们则是满脸失望，甚至对孩子进行严厉的批评和惩罚。然而，这样的做法真的对孩子们的成长有益吗？答案是否定的。我们应该明白，孩子们的成长不能仅仅以一次考试的成败来衡量，他们需要的是我们的鼓励和支持。

我们应该关注孩子在失败中所表现出的积极态度和努力精神，给予他们肯定和鼓励。这样，孩子才能在失败中不断地成长和进步。

失败是成功的垫脚石。在我们的成长过程中，失败是不可避免的。正如一句话所说："失败并不可怕，可怕的是你不敢再尝试。"孩子在成长过程中，需要学会从失败中吸取教训，不断地尝试和努力，并最终取得成功。因此，我们不应该因为孩子的一次失败就对他们失去信心，而应该鼓励他们勇敢地面对挫折，不断地去尝试和挑战。

当孩子遇到失败时，他们可能会产生自卑、焦虑等负面情绪。这时，家长和教育者应该给予孩子关爱和支持，帮助他们建立自信心。我们可以告诉孩子，每个人都有自己的优点和不足，失败并不意味着你一无是处，我们要勇敢地面对失败，努力地去克服困难。

别以一次成败论孩子，他们的手中握着未来的钥匙。

在努力中书写辉煌篇章，是他们成为最好自己的誓言。

别以一次成败论孩子，他们的心中住着无尽的智慧。

在思考中找寻答案，他们立志探索大千世界的奥秘。

别以一次成败论孩子，他们的生命中有无数的可能。

在未来的日子里，他们将创造属于自己的辉煌。

"成功并不是终点，失败也并非灾难，只有勇往直前的勇气才是最重要的。"让我们共同努力，摒弃"以一次成败论英雄"的观念，关注孩子们的全面发展，激发他们的潜能。

每一次的失败都是一次学习的机会，是一次成长的机会。孩子们在失败中可以学会坚韧不拔，拥有面对困难的勇气，学会从失败中找到成功的线索。这些都是书本上学不到的宝贵经验，是孩子们走向成功的重要基石。孩子们在成长的过程中，必然会遇到各种各样的困难和挫折。这些困难和挫折，虽然会让他们感到痛苦和困惑，但也正是这些困难和挫折，让他们学会坚强和勇敢，学会如何面对生活中的挑战。如果我们只是以一次考试的成败来评价孩子，那么孩子们可能会害怕失败，害怕尝试，这对他们的成长是极其不利的。

孩子们的未来并不是由一次或几次的成败来决定的。他们的未来是由他们的努力，他们的梦想，他们的才华，他们的人格魅力，他们的人生观和价值观来决定的。这些因素才是决定孩子们未来的关键。他们有自己的兴趣和特长，有自己的梦想和追求。我们不能因为他们在某一方面的成绩不如别人，就否定他们的价值。我们应该尊重他们的个性，鼓励他们去追求自己的梦想，去发展自己的特长。只有这样，孩子们才能真正快乐成长。

孩子们的成长是一个漫长的过程，需要时间和耐心。 我们不能期待孩子们在短时间内就能取得显著的成就。我们需要给予他们足够的时间去探索，去尝试，去犯错误，去学习，去成长。只有这样，他们才能真正地找到自己的方向，找到自己的兴趣，找到自己的激情，找到自己的价值。

我们不能因为他们的一次或几次的失败就否定他们的能力，否定他们的未来。 当我们看到孩子们失败的时候，我们最应该做的是安慰他们，鼓励他们再次尝试，而不是责备他们。当我们看到孩子们成功的时候，我们最应该做的是赞美他们，支持他们继续努力，而不是过度地赞美和奖励。只有这样，孩子们才能在失败中找到勇气，在成功中找到动力，才能真正地成长。

我们应该以更宽广的视野，更深入的理解，更宽容的心态来看待孩子们的成长。 只有这样，我们才能真正地帮助孩子们成长为我们期待的那样：有梦想，有才华，有勇气，有责任感。

不是每个孩子都天赋异禀

不是每个孩子都是天赋异禀,但他们都有独特的光芒。

在平凡的日子里,他们努力成长,用微笑和汗水书写着生命的篇章。

他们或许没有惊世骇俗的才华,却有着坚韧不拔的毅力。

在困难面前,他们从不退缩,用勇敢和坚持诠释着生命的价值。

他们或许没有令人瞩目的成就,却有着无尽的潜力和希望。

在未来的道路上,他们将不断探索,用智慧和梦想点亮生命的星空。

不是每个孩子都是天赋异禀,但他们都是生命中最美的风景。

让我们用心去欣赏他们的成长,用爱去陪伴他们的每一个瞬间。

在这个竞争激烈的社会里，我们总是期待孩子们能够在各自的领域里大放异彩。然而，我们必须面对一个现实：不是每个孩子都是天赋异禀。这并不意味着他们的人生就没有价值，相反，他们每个人都有自己的特色和优点。

我们不能强迫孩子去追求我们认为的成功，而应该鼓励他们去发现自己的兴趣，去追求自己的梦想。只有这样，他们才能真正地发挥出自己的潜力，才能真正地找到属于自己的光芒。

天才并不是一种常态，而是一种例外。天才的出现需要天时地利人和，需要特殊的环境和条件。大多数孩子并没有这样的环境和条件，他们可能只是在普通的家庭中长大，接受普通的教育。我们不能期待每个孩子都能在小小年纪就展现出天才的风采，这是不现实的。但这并不意味着他们就不能成功，不能实现自己的价值。

每个人都有自己的优势和特长，这些优势和特长遇到合适的环境和条件就可能会发光发热。因此，我们不能因为孩子在某一方面没有表现出色，就轻易地否定他们的价值。有的人擅长数学，有的人擅长语文，有的人擅长音乐，有的人擅长体育。有的人通过学习成为了科学家，有的人通过创业成为了企业家，有的人通过艺术成了艺术家，有的人通过运动成了运动员。这些都是成功的方式，都是值得尊重的。

成功并不只属于天才，更属于那些有决心、有毅力、有信心的人。我们应该教育孩子们，只要他们愿意付出努力，就是有价值的。我们人生的价值在于你成为谁。你可以是一个普通的工人，你可以是一个平凡的教师，你可以是一个普通的家长，但只要你对自己的生活负责，对自己的工作负责，对自己的家庭负责，你就是有价值的。

我们不能因为孩子在某一方面没有天赋，就否定他的全部，就认为他的人生是失败的。我们应该鼓励孩子们发掘自己的优点和特长，发展自己的兴趣和爱好，这样他们才能找到自己的人生方向，才能找到自己的价值。

我们要教育孩子，成功并不只有一种模式。在这个世界上，有无数种方式可以展现一个人的价值，可以证明一个人的成功。我们不能只看到那些在舞台上熠熠生辉的天才，而忽视了那些在幕后默默付出的人。

那么，我们应该如何引导孩子呢？

我们要让他们明白，成功并不是只有一条路。 每个人都有自己的优点和特长，我们应该尊重和支持他们的选择。我们要给孩子们提供一个良好的成长环境。家庭、学校和社会都应该为孩子们的成长提供支持和帮助。我们应该让孩子们知道，他们不是孤独的，他们的努力和付出都会被看见，都会被认可。我们需要给孩子提供足够的自由。过度的保护和干涉会让孩子失去自我探索的机会。我们应该让他们有机会去尝试新的事物，去面对挑战，去犯错误。只有这样，他们才能从中学习，才能找到自己的路。

我们要教育孩子们珍惜时间，努力学习。 正如古人所说："光阴似箭，日月如梭。"时间是我们最可宝贵的资源，我们要教会孩子们如何合理安排时间，提高学习效率。让孩子找到自己并不是一件容易的事情。它需要我们的耐心和智慧，需要我们的尊重和支持，需要我们的教育和引导。

我们要鼓励孩子们勇敢面对挑战，不畏困难。只有这样，他们才能在人生的道路上不断前进，实现自己的梦想。我们不能强迫他们去做他们不喜欢的事情，而应该鼓励他们去追求自己的梦想。我们可以和他们一起探讨他们的兴趣爱好，了解他们的想法，然后给予他们支持和鼓励。

不是每个孩子都是天赋异禀，但每个孩子都有自己独特的光芒。我们只要尊重每个孩子的个性和兴趣，培养他们的自信心和毅力，他们就可以成为自己。他们可以发掘自己的优点和特长，可以追求自己的兴趣和爱好，可以找到自己的人生方向，可以实现自己的价值。只要他们愿意努力，愿意坚持，他们就一定能够实现自己的梦想，就一定能够过上自己想要的生活，在自己的道路上熠熠生辉。

借助艺术为孩子减轻压力

在繁忙的都市中,孩子们背负着沉重的书包,

压力如同乌云,遮住了他们明亮的双眼。

然而,艺术是一道彩虹,穿越乌云,照亮他们的世界。

绘画、音乐、舞蹈,都是孩子们的避风港,

在这里,他们可以释放内心的压抑与疲惫。

用色彩描绘梦想,用音符编织希望,

让艺术成为他们心灵的翅膀,带他们飞向蓝天。

诗歌如同甘泉,滋润孩子们干涸的心田,

让他们在文字的海洋里畅游,感受生活的美好。

短小的诗句,如同璀璨的星辰,点亮夜空,
在孩子们的心中留下深刻的印象,永不磨灭。

让我们借助艺术的力量,为孩子们减轻压力,
让他们在快乐中成长,勇敢地追求梦想。
愿每一个孩子都能拥有一颗纯净的心灵,
在艺术的世界里,找到属于自己的那片天空。

在我们的生活中,艺术无处不在。它既是我们生活的点缀,也是我们情感的寄托。然而,对于孩子们来说,艺术的意义远不止于此。艺术是他们理解世界的方式,是他们表达自我、探索未知的桥梁,更是他们塑造无限可能的秘密武器。

艺术不仅仅是一种娱乐方式,更是一种治愈心灵的良药。它能够帮助孩子们建立自信,培养他们的创造力和想象力,让他们在面对困难时更加勇敢地迎难而上。正如一句话所说:"教育即生活。"我们应该让艺术成为孩子们生活中不可或缺的一部分,让他们在艺术的世界里找到快乐和力量。

艺术是一种润物细无声的语言,它能够跨越语言和文化的障碍,直接触动人的心灵。对于孩子们来说,艺术不仅能够帮助他们表达

自己的情感，还能够提供一个释放压力的安全出口。通过绘画、音乐、舞蹈、戏剧等艺术形式，孩子们可以将内心的压力和困扰转化为创作的动力，从而达到减压的效果。

一个孩子在面对巨大的学业压力时，他可能会感到焦虑、沮丧甚至绝望。然而，当他投入绘画、音乐、舞蹈等艺术活动中时，他会发现自己的内心世界变得更加丰富多彩。艺术能够让孩子将内心的压力和痛苦转化为创造力和想象力，从而帮助他们更好地应对现实生活中的挑战。

有个小孩在学习上非常努力，但总是觉得自己的成绩不够好。有一天，妈妈带他去参加了一个绘画班。在那里，他发现了自己对绘画的热爱。他开始用画笔描绘自己的内心世界，将那些无法用言语表达的情感都融入画作中。渐渐地，他发现自己在学习上的压力减轻了许多，因为他找到了一个可以释放情感的途径。

艺术是一种无声的语言，它能够跨越国界、年龄和文化，让人们在其中找到共鸣。对于孩子们来说，艺术更是一种神奇的良药，能够帮助他们释放压力，找到内心的平静。

绘画是一种非常有效的减压方式。 当孩子们拿起画笔，将内心的情感和想法通过色彩和线条表现出来时，他们的紧张情绪会得到缓解。绘画不仅能够让孩子们专注于眼前的作品，还能够帮助他们培养观察能力和想象力。在这个过程中，孩子们会逐渐学会如何面对生活中的困难和挑战。画画还能够培养孩子们的观察力和想象力，提高他们的创造力和审美能力。

音乐也是一种很好的减压方式。音乐有着独特的魅力，它能够触动人们的心灵，让人们在其中找到慰藉。对于孩子们来说，学习乐器或者唱歌都能够帮助他们放松心情，减轻压力。此外，音乐还能够培养孩子们的团队精神和合作意识，让他们在音乐的世界里结交到志同道合的朋友。无论是听音乐，还是演奏乐器，都能够让人们的心情变得愉快。音乐的节奏和旋律能够刺激大脑的神经，让人产生一种放松和愉悦的感觉。对于孩子们来说，学习音乐不仅能够提高他们的音乐素养，还能够帮助他们调整情绪，减轻压力。

舞蹈和戏剧也是孩子们喜爱的艺术形式。舞蹈不仅能够让孩子们在优美的动作中找到快乐，还能够帮助他们锻炼身体，增强体质。在练习舞蹈的过程中，孩子们需要全身心地投入，这样就能够暂时忘记生活中的烦恼和压力。同时，舞蹈还能够培养孩子们的自信心和表现力，让他们在舞台上展现出自己的风采。在戏剧表演中，孩子们可以扮演不同的角色，体验不同的生活，这对于他们的情绪调节和压力释放有着非常大的帮助。同时，舞蹈和戏剧也能够培养孩子们的团队合作精神和自信心。

除了以上几种艺术形式，陶艺、摄影等项目也都是非常好的减压方式。家长们可以根据孩子的兴趣和特长，引导他们参与到这些艺术活动中来。通过艺术的力量，孩子们学会如何缓解压力，找到内心的平静。

艺术是孩子们塑造无限可能的秘密武器。在艺术的世界里，没有什么是不可能的。孩子们可以通过艺术来实现他们的梦想，无论是成为一名画家，还是成为一名音乐家，甚至是成为一名舞蹈家。艺术不仅可以帮助他们找到自己的兴趣和热情，也可以帮助他们建立自信和自尊。同时，艺术还可以帮助他们建立良好的人际关系，因为他们可以通过艺术来交流和分享，从而与他人建立深厚的友谊和合作关系。

艺术是孩子们理解世界的方式。在绘画、雕塑、音乐、舞蹈等艺术形式中，孩子们可以直观地感受到色彩、形状、声音和动作的魅力。艺术是一剂神奇的良药，它能够帮助孩子们减轻压力，找到快乐，从而更好地理解和感知世界。

艺术是孩子们表达自我、探索未知的桥梁。在艺术的世界里，没有固定的规则和标准，只有无限的创新和想象。孩子们可以通过艺术来表达他们的想法和感受，无论是对生活的热爱，还是对未来的憧憬。同时，艺术也是他们探索未知的工具。在创作过程中，他们需要不断地尝试和实践，从而发现新的可能和创造新的价值。这种过程不仅可以锻炼他们的创造力和想象力，也可以培养他们独立思考和解决问题的能力。

确定家庭聚会游玩日，留下快乐记忆

家庭聚会游玩日，欢声笑语共度过，

亲朋好友共聚一堂，快乐记忆留心底。

绿草如茵的草地上，孩子们尽情奔跑嬉戏，

家长们围坐一起谈笑风生，回味往日的趣事。

烧烤架上的美食香气四溢，诱人食指大动，

大家围坐在一起品尝美味，共享家庭聚会的乐趣。

夜幕降临，篝火燃起，星空为证，

家人们围坐在火光旁，诉说着心中的喜悦。

这一天，我们忘却了烦恼和忧愁，

只留下欢笑和感动，成为孩子心中永恒的记忆。

"孩子们是未来的种子，他们的每一次笑声，都是对未来的播种。"家庭聚会游玩日，就是这样一个播种快乐、播种希望的日子。

如今我们常常忙于工作，忽视了与家人的相处。然而，家庭是我们生活的港湾，是我们在忙碌中的慰藉。为了让孩子们感受到家庭的温暖，我们不妨在周末或者假期，组织一次家庭聚会，让孩子们在快乐中成长，留下美好的回忆。

让我们想象一下，一个阳光明媚的周末，全家人一起出游，享受大自然的美丽。孩子们在草地上奔跑，父母在旁边微笑地看着。这样的画面，是多么的美好，多么的温馨。孩子们在这样的环境中成长，他们会学会珍惜每一刻的快乐，他们会学会感恩每一份爱。

我小时候最期待的就是每年的家族聚会。那时候，我们会一起去海边，一起吃烧烤，一起玩游戏。那些日子，是我一生中最快乐的时光。现在回想起来，那些日子不仅让我感到快乐，更让我明白了家庭的温暖，明白了亲情的重要。

家庭聚会日对于孩子来说究竟有着怎样的意义呢？

家庭聚会日是孩子们与长辈增进亲情的好时机。在这一天，家人们会放下手中的工作和学业，共同度过一个愉快的时光。孩子们可以和长辈们一起聊天、玩耍，分享彼此的生活点滴。这种亲密的交流不仅能够拉近孩子们与长辈之间的距离，还能让他们更加懂得亲情的可贵。

家庭聚会日是孩子们学习传统文化的好机会。在家庭聚会中，长辈们会讲述家族的历史、传统习俗以及家族的故事。这些丰富的传统文化知识，对于孩子们来说是一种宝贵的精神财富。通过了解家族的历史，孩子们可以更好地认识自己的根源，培养自己的民族自豪感。

家庭聚会日还是孩子们锻炼社交能力的好时机。在家庭聚会中，孩子们会遇到来自不同家庭的亲戚朋友。他们需要学会如何与不同的人相处，如何礼貌地与人交流。这对于孩子们人际交往能力的培养具有重要的意义。

家庭聚会日是孩子们放松心情、释放压力的好时光。在这一天，孩子们可以暂时摆脱学习和生活的压力，尽情地享受家庭的欢乐。这种轻松愉快的氛围对于孩子们的身心健康都是非常有益的。

为了让家人之间的关系更加紧密，给孩子留下美好的回忆，不妨策划一场难忘的家庭聚会。

1. 确定聚会时间和地点

首先，我们需要确定一个合适的时间和地点。选择一个大家都能抽出时间的日子，最好是周末或者节假日。我们可以选择一个适合全家人的出游地点。这个地点可以是公园、动物园、游乐园，也可以是户外的山水之间。关键是要让孩子们感兴趣，让他们在游玩的过程中感受到乐趣。此外，我们还可以根据孩子们的年龄和兴趣，选择不同的活动项目，如亲子游戏、户外探险等，让每个孩子都能以自己喜欢的方式度过这个特殊的日子。

2. 制定活动计划

为了让家庭聚会更加有趣，我们可以提前制定一个活动计划。这个计划可以包括各种游戏、户外活动、亲子互动等。例如，我们可以组织一场家庭运动会，让大家一起参与篮球、足球、乒乓球等运动；也可以安排一次亲子烹饪活动，让孩子们学会做菜，增进亲子关系。在游玩的过程中，家长们要尽量陪伴在孩子们身边，参与他们的活动。这样不仅能增进亲子关系，还能让孩子们感受到家长的关爱。同时，家长们还可以借此机会教育孩子们如何与人相处，如何处理问题，让他们在游戏中学会成长。

3. 准备食物和饮料

家庭聚会怎么能少了美食呢？我们可以提前准备一些大家都喜欢的食物和饮料，如烤肉、火锅、水果、饮料等。此外，还可以邀请一位擅长烹饪的家庭成员担任大厨，为大家献上一顿丰盛的晚餐。

4. 拍照留念

在家庭聚会的过程中，有许多温馨的瞬间可以捕捉，因此，别忘了带上相机或手机，记录下这些美好的时光。在聚会结束后，我们可以将这些照片整理成相册，作为永久的回忆。我们还可以在活动中设置一些有趣的环节，如拍照留念、制作手工礼物等，让孩子们亲手为家人准备惊喜。这些小小的举动，都能让孩子们感受到家庭的温暖，让他们更加珍惜与家人相处的时光。

5. 总结和分享

在家庭聚会结束后，我们可以一起回顾这次聚会的点点滴滴，分享各自的感受和收获。这样不仅可以增进家庭成员之间的感情，还能让我们更好地了解彼此。

策划一场难忘的家庭聚会并不难，关键在于用心去准备和参与。通过这样的活动，我们可以让家人之间的关系更加紧密，给大家留下美好的回忆。让我们从现在开始，抽出时间陪伴家人，让家庭成为孩子们心中最温暖的港湾。所以，赶快行动起来吧，让我们一起度过一段欢乐的时光！

大自然治愈一切

孩子口口追着太阳走，

一路走到大地妈妈的被窝里去。

他们想和树上的小猴子交朋友，

在春天小池塘边与蝴蝶捉迷藏，

在大地妈妈的怀抱里放风筝。

孩子的心中有一个童话的王国，

在大自然的怀抱里，孩子们的心灵得到了净化。

他们的笑容如同花朵般绽放，照亮了整个世界。

在大自然的怀抱中，他们学会了尊重生命，关爱大地，

大自然是孩子们最好的老师，教会他们勇敢面对生活的挑战。

在风雨中成长，在阳光下茁壮，孩子们的心灵越发坚强。

愿大自然的治愈力量永远存在，陪伴孩子们走过人生的每一个阶段。

大自然有着无尽的力量,它可以治愈我们的孩子的身体和心灵,帮助他们学习和成长,激发他们的创造力和想象力。大自然是一个神奇的治愈者,它能够治愈孩子们的一切。让我们带着孩子们走进大自然,感受它的美丽和神奇。

当孩子在户外玩耍时,他们不仅是在锻炼身体,也是在释放压力。研究表明,自然环境中的活动可以提高孩子的心理健康,减少焦虑和抑郁的症状。比如,一项研究发现,让孩子在自然环境中度过一段时间,可以显著降低他们的压力水平。这就是大自然的力量,它可以帮助我们的孩子恢复精力,重新找回快乐。

在大自然中,孩子们可以找到生活的乐趣和意义。他们可以通过种植花草、养殖动物、采摘水果等活动,体验到劳动的快乐。可以通过观察自然、欣赏风景、聆听鸟鸣等活动,体验到生活的美好。

大自然的美丽景色能够让孩子们的心情变得愉悦。当孩子们置身于大自然的怀抱时，他们会感受到大自然的神奇魅力，心情也会变得愉快起来。这种愉悦的心情对于孩子们的身心健康是非常有益的。

大自然中的新鲜空气和阳光对于孩子们的身体健康有着极大的帮助。在城市中，空气污染是影响孩子们健康的重要因素。而大自然清新的空气，充沛的阳光，都对孩子们身体健康非常有益。在这样的环境中生活，孩子们的身体会更加健康，抵抗力也会更强。

大自然还能够增强孩子们的观察能力和想象力。在大自然中，孩子们可以观察到各种各样的生物和植物，了解它们的生长过程和生活习性。这种观察能力对于孩子们的学习和发展是非常有益的。同时，大自然中的美景也能够激发孩子们的想象力，让他们的思维变得更加活跃。

在大自然中，孩子们可以找到生活的平静和安宁。大自然还能够教会孩子们尊重生命和保护环境的重要性。在大自然中，孩子们可以看到生命的奇妙和脆弱，从而学会珍惜生命。同时，他们也会发现人类活动对大自然造成的破坏，从而意识到保护环境的重要性。

国外有位作家曾这样说过："我去森林是因为我希望生活得有意义，我希望面对人生的真实、简单和原始。"在大自然中，孩子们可以学习到生存技能，理解生态系统的运作方式，这些都是他们在课堂上无法学到的。而且，大自然也可以帮助孩子们发展他们的创造力和想象力。

大自然是我们生活的摇篮,也是孩子们成长的最佳课堂。大自然到处都是好风景,我们需要的,是在心里留出点空间,让大自然的光照进来,让高山流水的影子探进来,让孩子的那些美好的情感留下来。

在大自然的怀抱里,孩子们找到了安慰。

绿色的草地,是他们嬉戏的天地。

阳光洒在他们的脸上,驱散了忧伤和痛苦。

微风轻拂过他们的发梢,带走了烦恼和忧虑。

河流潺潺,山峦叠翠,孩子们在这里找到了力量。

他们学会了珍惜生命,学会了感恩大地的馈赠。

当下,随着信息时代的发展,有很多孩子沉迷于手机、电脑和各种电子产品,对户外活动和自然环境的兴趣逐渐减弱。那么,如何让孩子重新燃起对大自然的热爱呢?让我们一起来探索这个神奇的密码。

1. 从身边的大自然开始

让孩子爱上大自然,首先要让他们从身边的大自然开始。带孩子去公园散步,观察周围的花草树木,聆听鸟儿的歌唱,感受微风拂面。让孩子们在亲近自然的过程中，发现大自然的美丽和神奇。大自然的美丽景色能够让孩子们暂时忘却烦恼。在大自然中，孩子们可以欣赏到壮丽的山川、清澈的河流、迷人的花海等。这些美丽的景色能够让孩子们的心灵得到放松。此外，大自然中的鸟语花香、虫鸣蛙叫等声音也能够让孩子们感受到宁静与和谐，让他们的心灵得到安抚。

2. 创设丰富的户外活动

组织丰富多样的户外活动，让孩子们在参与中感受大自然的魅力。可以带孩子们去爬山、踏青、野餐，或者参加一些户外运动，如徒步、骑行等。在这些活动中，孩子们不仅能锻炼身体，还能够培养他们的团队精神和独立能力。通过这些活动，孩子们可以逐渐摆脱烦恼，找回自信和快乐。

3. 引导孩子关注环保问题

让孩子们了解环保的重要性，引导他们关注身边的环境问题。可以和孩子一起观看关于环保的纪录片，或者参加一些环保公益活动，让孩子们从小树立保护环境的意识，成为地球的守护者。在大自然中，孩子们可以看到生命的循环和生态的平衡，从而认识到人类与自然的关系。这有助于孩子们树立正确的环保观念，学会尊重和保护自然。同时，大自然中的动植物也能够教会孩子们珍惜生命，关爱他人，从而培养他们良好的道德品质。

4. 培养孩子的观察力和想象力

大自然是一个充满奥秘的世界,能够培养孩子的观察力和想象力,让他们发现更多的美好。可以鼓励孩子们在户外活动时,记录下自己的所见所闻,或者发挥想象力,创作一些关于大自然的故事和画作。

5. 建立健康的心理素质

大自然还能够帮助孩子们建立健康的心理素质。在大自然中,孩子们可以学会面对困难和挫折,培养他们的抗压能力和适应能力。这对于孩子们在未来的成长过程中应对各种挑战和压力具有重要的意义。

就让我们一起努力,让孩子们重新燃起对大自然的热爱,在大自然的怀抱中找回快乐和自信,快乐成长。